WILLIAMS-SONOMA

PARÍS

RECETAS AUTÉNTICAS EN HOMENAJE A LA COCINA DEL MUNDO

Recetas y Texto
MARLENA SPIELER

Fotografías
JEAN-BLAISE HALL

Editor General
CHUCK WILLIAMS

Traducción
LAURA CORDERA L.
CONCEPCIÓN O. DE JOURDAIN

degustis

CONTENIDO

RECETAS

INTRODUCCIÓN

Se puede decir que ninguna otra ciudad ofrece al visitante una mezcla tan interesante de arte y gastronomía como París. Aquí usted podrá visitar las galerías del Louvre y después cenar en Le Grand Véfour, uno de los restaurantes favoritos de Colette, o admirar los vitrales rosados de Notre Dame, para después tomar un aperitivo en un café alguna vez frecuentado por Picasso.

HISTORIA CULINARIA

En el siglo III A.C. los parisii, una tribu Celta conocida por ser glotones e indómitos, se establecieron en lo que actualmente es la Île de la Cité, en el corazón de París. La historia registra que sus miembros por lo general se alimentaban de carne, a menudo rancia, bañada con liquamen, una salsa de sabor fuerte hecha de pescado fermentado que se diseñó para ocultar cualquier sabor desagradable. Aunque esta comida era sin duda magra e imperfecta, fue el inicio de lo que se convertiría en la cocina más sofisticada del mundo.

Con el surgimiento del Imperio Romano prevaleció el exceso entre los opulentos, una tradición que llegó al París de la Edad Media. El primer libro conocido de cocina francesa fue *"Le viandier"*, publicado en 1375 y escrito por Guillaume Tirel, chef de los reyes y aristócratas y mejor conocido como Taillevent (un nombre adoptado en tiempos contemporáneos por uno de los restaurantes de París más conocidos). Sus menús se basan en grandes cazuelas de sopa y diferentes tipos de carnes y aves, a menudo muy sazonados con canela, jengibre, dientes de ajo y especias; heredadas de los platillos moros de España. Al mismo tiempo, el diseño básico de la cocina iba cambiando, permitiendo a los cocineros hacer algo más elaborado que una simple sopa hervida o un trozo de carne cocido sobre un asador. Ahora podían incorporar y hervir a fuego lento una salsa y saltear pequeños trozos de carne y verduras.

El Renacimiento

El Renacimiento italiano llegó a Francia en el siglo XVI, presentando una gran cantidad de nuevas ideas que lograron tocar todas las facetas de la vida, desde la ciencia y el arte hasta la gastronomía. Cuando Catalina de Medici, de catorce años, se mudó a París en 1533 para casarse con el hombre que se convertiría en el Rey Enrique II, no solo llevó consigo a un gran séquito de chefs e ingredientes culinarios como el aspic, las trufas, las croquetas, las alcachofas, las galletas y el helado, sino también el concepto de los buenos modales en la mesa. Los chefs franceses rápidamente integraron estos nuevos alimentos y técnicas italianas, uniéndolas al estilo de cocina local, tanto a la de la aristocracia como a la del pueblo, una fusión que definiría el futuro de la cocina francesa.

Uno de los chefs más influenciado por estos precedentes fue François Pierre de La Varenne, autor del libro de cocina titulado *"Le cuisinier françois"*. publicado en 1652. En sus páginas introduce el roux, una mezcla hecha de harina y grasa que es la base de muchas salsas francesas clásicas; motivó a que se abandonara el uso excesivo de especias; ofreció instrucciones específicas para cocinar verduras; sirvió carnes asadas en su propio jugo y le dio gran importancia a los sabores naturales de los alimentos. Estas ideas revolucionarias se mantuvieron durante el reinado de Luis XIV (1643-1715), un hombre conocido tanto por su gusto por la buena comida como por su glotonería. Varias innovaciones culinarias se llevaron a cabo en su época, entre las cuales están el cultivo de grandes jardines de verduras en Versalles, el diseño y producción de utensilios especializados para cocinar, producción de vajillas de porcelana y la costumbre de comer postres al final de todas las comidas diarias en vez de reservarlos únicamente para ocasiones especiales.

Durante el siglo XVIII persistió la tradición de la mesa opulenta, una época en la que también se

introdujeron en la cocina de París y del resto de Europa alimentos del Nuevo Mundo: jitomate, maíz, frijol, pimiento y papa. El café se convirtió en una bebida popular en toda la ciudad; se crearon nuevas profesiones culinarias, desde los chefs especializados en panes hasta los de repostería; y aunque los platillos aún eran elaborados, asumieron una nueva delicadeza. Sin embargo, esta profusión disminuyó con los primeros ataques de la Revolución Francesa. Los castillos de los nobles y los palacios de los reyes que habían sido las cunas de la gastronomía, fueron saqueados y sus habitantes asesinados o desaparecidos. Fue entonces cuando los chefs que sobrevivieron a la guillotina empezaron a abrir restaurantes y la exquisita cocina, que anteriormente sólo habían disfrutado los aristócratas, ahora se servía al público en general.

Carême y Escoffier

Sin embargo, durante mucho tiempo no se abandonó la extravagancia. Marie-Antoine Carême (1784-1833), nacido en París, chef del estadista francés Talleyrand, del príncipe regente inglés, del Zar ruso Alejandro I y, por último, de la Baronesa Rothschild, se convirtió en el lazo entre las cocinas que precedieron y siguieron a la revolución. Fue reconocido por sus pièces montées (piezas montadas), réplicas elaboradas de cualquier cosa, desde un templo chino hasta un pabellón turco construido de nieve, pastas, pasta de almendra y algunos otros ingredientes, y es a él a quien se le otorga el crédito de imponer el orden sobre el servicio de cocina tradicionalmente desordenado. Registró sus ideas y cientos de recetas en una serie de libros famosos, entre los que se encuentra *"L'art de la cuisine au dix-neuvième siècle"*.

Durante el reinado de Napoleón III (1852-70), florecieron los restaurantes parisinos a lo largo de los grandes bulevares de la ciudad. Durante esta época, se crearon muchas recetas clásicas, como la sauce Mornay, inventada por Joseph Voiron en el Restaurante Durand y el *sole Dugléré y la potage Germiny*, creadas por Adolphe Dugléré en el Café Anglais. En las siguientes décadas, dos chefs y autores notables, Prosper Montagné y Georges Auguste Escoffier, reformaron radicalmente la muy rica y complicada cocina francesa. Montagné, autor de *"Larousse gastronomique"* (1938), fue el líder al denunciar el énfasis de Carême en sus *pièces montées*.

Escoffier rápidamente le siguió, reduciendo dramáticamente el número de platillos servidos en una sola comida; eliminando la decoración superflua; creando nuevas y sencillas recetas, pero aún opulentas; y simplificando la cocina y los procedimientos de servicio. Unió sus fuerzas con el afamado hotelero César Ritz, manejando cocinas de hoteles desde Cannes hasta Roma y Londres. Escoffier dejó dos libros, *"Le livre des menus"* (1912) y *"Ma cuisine"* (1934), este último aún publicado en la actualidad.

Nouvelle Cuisine

Después del desorden y las depravaciones de la I y II Guerra Mundial, las mujeres empezaron a dejar sus casas para integrarse al trabajo, abriendo el camino a platillos cocinados con mayor rapidez. Pero la mayor influencia sobre los platillos franceses del siglo XX fue la nouvelle cuisine, una reacción ante la mesa rica y opulenta de Escoffier. Nacida en París en los '70s, gozando de gran popularidad durante una década, la nouvelle cuisine sustituyó las salsas a base de harina y grasa por reducciones de caldos y jugos de fruta o verduras; utilizando purés de verdura en lugar de crema para espesarlas. Introdujo nuevas frutas y verduras, como el kiwi; incorporó nuevas especias, especialmente el curry; y creó platillos con combinaciones nunca antes imaginadas, como el pollo con frambuesas y vinagre balsámico o el foie gras con piña y jengibre. La nouvelle cuisine siguió la tendencia de usar grandes platos con algunas porciones pequeñas acomodadas de forma artística, sirviendo los alimentos sobre una salsa, en vez de bañarlos con ella. Los chefs Paul Bocuse así como Jean y Pierre Troisgros se

encontraron entre los candidatos sobresalientes de la nueva cocina, mientras que el chef Michel Guérard fue el pionero de una renovación popular de bajas calorías, la *cuisine minceur.*

Aunque la mesa parisina ha evolucionado continuamente desde el apogeo de la nouvelle cuisine, permanece muy influenciada por ella. Actualmente, el interés por la cocina sana, la experimentación con sabores mundiales, el uso de diferentes estilos de vajillas y el retiro de las comidas típicas de tres platillos, todos ellos dogmas de la nouvelle cuisine, continúan liberando las comidas parisinas del pasado, transformando *la grande cuisine* en algo nuevo y moderno.

COCINA CONTEMPORÁNEA

Gracias a la rica herencia culinaria, la gran cantidad de influencias étnicas y el acceso a algunos de los ingredientes más finos del mundo, la cocina parisina hoy en día es a su vez tradicional y cosmopolita, una combinación envidiable que nunca cesa de llenar la gran cantidad de mesas de la ciudad tanto con residentes como con visitantes.

Sin duda alguna, París es el centro político y cultural de Francia. Pero también es su corazón culinario. Gran cantidad de platillos regionales del país, el coq au vin de Borgoña, la bouillabaisse de Provenza, las crepas de Bretaña, desde hace mucho tiempo se introdujeron en la capital, en donde innovadores chefs a menudo les dieron una aspecto urbano sin desenmascarar su carácter provincial. En las demás regiones de Francia se comen los alimentos de esa región en particular; en París, se comen los alimentos de *todas* las regiones.

Pero la cocina parisina es algo más que simplemente cocina francesa. A pesar del rechazo hacia las influencias corruptas de las cocinas extranjeras, tanto hoy en día como en el

pasado, los parisinos siempre han admitido los sabores nuevos, desde las alcachofas introducidas por Catalina de Medici en el siglo XVI hasta el roast beef y el pudín de Yorkshire servido en los 1820s y las especialidades del sureste de Asia, África del norte y el Caribe introducidas por inmigrantes a mediados del siglo veinte. Hoy en día, se pueden encontrar fácilmente sabores culinarios de todo el mundo por toda la ciudad, ya que sus habitantes han demostrado una pasión particular por el sushi japonés, la pizza italiana, las brochetas griegas, el couscuous de Túnez y los aperitivos o mezes turcos. Incluso se han introducido algunas tradiciones americanas en la vida parisina, incluyendo principalmente el "brunch" y los bagels.

Por supuesto, la mesa parisina refleja este cosmopolitanismo que ha perdurado. Incluso la aceptación de lo extranjero se relaciona directamente con el sentido de estilo innato de la ciudad. Los parisinos son rápidos para seguir alguna tendencia, para apropiarse de la última moda, para catar un sabor nuevo. En la provincia francesa, la gente generalmente piensa que los platillos locales son sublimes y cualquier alimento exótico es inferior a ellos. Pero en París, la actitud hacia la cocina no es diferente a la actitud hacia la moda: toma prestado, adapta y goza.

Lo Clásico Propio de la Ciudad

Por supuesto, la cocina parisina es algo más que sólo platillos e ideas de las provincias y algo más. La ciudad tiene su propia e importante identidad culinaria, basada en recetas que se originaron en sus *quartiers* y sus alrededores. Por ejemplo, un platillo rodeado de diminutas verduras salteadas en mantequilla que han sido glaseadas con jugos de carne y adornadas con perejil se llama *à la parisienne*. *El Entrecôte Bercy* (filete con una salsa de vino tinto), llamado así por el quartier Bercy, que anteriormente fue el mercado de vino de París; el

purée Saint-Germain Germain (sopa de puré de chícharo), un platillo favorito de las brasseries nombrado así por un barrio de París; la *potage Crécy* (sopa de zanahoria), hecha tradicionalmente con zanahorias cultivadas en la población cercana de Crécy; y la *potage aux primeurs* (sopa de verduras), creada por Carême, chef del ministro del exterior Talleyrand, son algunos platillos clásicos de París.

Anteriormente se podían oler estos platillos y algunos asados y cocidos que requieren de más tiempo para cocinarse, como el pot-au-feu, el *boeuf en daube y el navarin printanier,* hirviendo sobre las estufas mientras se paseaba por las calles residenciales de la ciudad. Muchas veces los habían puesto a cocer los conserjes, quienes vivían en diminutos departamentos en la planta baja de muchos edificios, el lugar ideal para monitorear las idas y venidas de los residentes del edificio y descubrir a cualquier desconocido sospechoso. Prácticamente todos los conserjes de París han sido sustituidos por cajas electrónicas que permiten la entrada a los residentes con un código de cuatro dígitos. Sin embargo, los deliciosos aromas de tales platillos aún salen de los muchos bistros y brasseries de la ciudad.

Cocina Casera

Como lo puede demostrar la abundancia de mercados al aire libre y tiendas especializadas en alimentos, la cocina casera sigue siendo una gran parte de la *vie parisienne*. Los parisinos se preocupan apasionadamente acerca de lo que comen, aún cuando no pasan horas cocinando cada día. Es una ciudad ultra moderna y, no es de sorprenderse, que los parisinos por lo general se vean forzados a dividir su tiempo entre las demandas de su trabajo y su vida social. Al final del día, los ocupados parisinos quizás se hagan una omelet, se salteen un trozo de pescado, se preparen una ensalada o se hagan una sopa sencilla dependiendo de los ingredientes de temporada que les ofrezca el mercado; calabaza en otoño, papas y poros en invierno, berro en primavera. O, quizás elijan entre una variedad de aperitivos, un recipiente pequeño de *rillettes,* un poco de *taramasalata* (huevos de pescado griego para untar), media docena de caracoles, algunas rebanadas de jamón serrano, adquiridos en alguna *charcuterie* de la colonia, o saborear una crujiente baguette y una ensalada verde.

Aunque los parisinos no cocinan todos los días, por lo general lo hacen los fines de semana, especialmente para la importante comida tradicional del domingo. Con frecuencia preparan una especialidad de su niñez, dándole gran importancia a la transmisión de la herencia culinaria de la familia a la siguiente generación; otras veces harán un platillo de cocimiento lento que es demasiado difícil de hacer entre semana.

Los parisinos también saben cómo hacer cenas especiales, y lo hacen con frecuencia. Por lo general ellos cocinan el plato principal y alguna guarnición, y el resto de los alimentos los adquieren de las calles de la ciudad: un paté de la *charcuterie* o unos ostiones en su concha de la pescadería, un par de crujientes baguettes de la panadería local, una selección de quesos de la *fromagerie,* y, por supuesto, un exquisito postre de a *pâtisserie*. Este último puede ser un París-Brest espolvoreado con azúcar, un pastel en capas con crema pastelera que lleva el nombre de una famosa carrera de bicicletas, o un elegante *Opéra,* un pastel cuadrado, relleno de ganache y crema pastelera creado a mediados de los años 50's en honor al Palacio Garnier, la venerable casa de la ópera. Por lo tanto, el secreto de una exitosa cena parisina combina a la cocina casera con las compras sabias.

Incluso hoy en día, en la era del omnipresente sushi para llevar a casa, del couscous instantáneo y de la pizza entregada a domicilio, los parisinos no sólo se mantienen exigentes en cuanto a lo que comen, sino también son muy leales a su mesa local. Además, muy pocos parisinos perderían la oportunidad de compartir una buena comida con su familia o sus amigos.

CENANDO FUERA

Una broma parisina que ha perdurado a través de los años sostiene que los habitantes locales tienen dos cosas en su mente, la comida y la cena. Pero, de hecho, nunca dejan de pensar en comida. Los adultos invariablemente se paran a ver todos los menús de los bistros, mientras que los niños en edad escolar por lo general se paran a leer el menú del lunch que se encuentra en la puerta principal de sus *ècoles*.

En otras palabras, el restaurante parisino moderno, un establecimiento para sentarse con una buena elección de platillos servidos en diferentes horas del día, nació en los 1760's. Hasta esa época, la gente comía en tabernas u hostales, en donde la meta principal era beber o alojarse, no era comer. La comida era basada en una sola elección, y ésta siempre la hacían los empleados del local. Cada empleado tenía el monopolio sobre un cierto tipo de platillo, los *traiteurs* hacían los ragouts, los *rôtisseurs* volteaban las carnes asadas, etc. En otras palabras, un *tavernier* podía servir un pollo rostizado, pero no podía cocinarlo en su taberna.

Posteriormente, en 1765, Monsieur A. Boulanger abrió un *bouillon*, un lugar que tenía licencia para servir sopas, en la Rue Bailleul. Rápidamente extendió su menú, incluyendo un platillo de pierna de cordero en salsa blanca, que causó la cólera de los *traiteurs*, quienes declararon que era un ragout. La comunidad llevó al ofensor a la corte, pero Boulanger ganó el juicio al comprobar que su platillo estaba salseado y no simplemente hervido a fuego lento. Después de algunos años, los restaurantes con grandes menús y atención durante muchas horas se extendieron por todo París y, en 1782, se abrió el primer restaurante de lujo, la Grande Taverne de Londres. Veinticinco años más tarde, la ciudad se convirtió en el hogar de aproximadamente quinientos restaurantes.

Hoy en día, París no sólo cuenta con miles de establecimientos para comer, sino que también es considerada por muchas personas como la ciudad del mundo en donde mejor se come, ya sea que se elija un bistro pequeño y casual, una gran y bulliciosa brasserie, o un elegante y sofisticado restaurante.

Bistros

Los primeros bistros de la ciudad surgieron alrededor de Les Halles, antiguamente el distrito del mercado, en donde servían a trabajadores locales que querían comer sustancialmente y con rapidez. Algunas mujeres mayores coordinaban muchas de esas cocinas y su cocina casera se dio a conocer como *la cuisine des mères*. A mediados de los 1800´s, se habían abierto bistros por todo París, ofreciendo comidas sencillas y económicas que eran frecuentados por todo mundo, desde los intelectuales hasta los plomeros.

Actualmente, el típico bistro parisino es un lugar acogedor frecuentado por los residentes o empleados de la zona. Es menos formal y más económico que un restaurante, pero más equipado que un café. Por lo general, el menú no es muy amplio y se presenta escrito a mano, impreso en papel o presentado en un pizarrón, y las mesas están cubiertas por los clásicos manteles de algodón almidonados cubiertos con papel blanco como el usado en las carnicerías.

Entre los bistros favoritos de la ciudad se encuentra el delicioso y antiguo Chez Georges, un clásico parisino (2e, o segundo arrondissement), con sus filas de mesas, vajilla sencilla y personal amable. Su comida es tradicional y siempre agradable, desde el *ttête de veau* con *sauce gribiche* (cabeza de ternera con mayonesa con sabor a alcaparra y pepinillo) hasta la pechuga de pato asada con hongos.

TEl Aux Lyonnais (2e) con su fachada roja no es únicamente uno de los bistros más tradicionales de la ciudad, sino también uno de los más famosos. Fundado en 1890 y renovado y reabierto por los legendarios chefs Alain Ducasse y Thierry de la Brosse en otoño de 2002, atrae a oficinistas a medio día y al resto del mundo en la tarde para gozar de sus deliciosos alimentos como el confit de lechón con foie gras.

Aunque la mayoría de los bistros presentan una decoración sencilla pero práctica, también hay muchos que son elegantes, como el famoso Belle Époque Chardenoux (11e), conocido por sus huevos en salsa de vino tinto, sus poros en vinagreta y sus carnes asadas, y el espléndido Benoit (4e), que prácticamente tiene un siglo de existir, en donde sus asistentes cotidianos por lo general ordenan pollo con hongos chanterelle, pot-au-feu de sesos de res o un sustancioso cassoulet.

À Sousceyrac (11e) lleva preparando platillos con alimentos del suroeste de Francia para sus leales clientes parisinos durante casi medio siglo. Es un lugar para todo aquel que aprecia el sedoso foie gras, el confit con piel crujiente, los firmes *saucissons,* los platillos de papas, las ensaladas hechas con legumbres amargas y una amplia lista de vinos.

Por último, el acogedor y aglomerado bistro La Régalade (14e), que abrió sus puertas en 1991, fue una de las primeras cocinas modernas que empezó a hacer ruido para el retorno de la cocina tradicional después de los refinamientos y extravagancias de la nouvelle cuisine. El talentoso y joven chef Yves Camdeborde sirve platillos con gran influencia de su región natal de Béarn asándolos en manteca de puerco e hirviéndolos a fuego lento con especias, además de un gran surtido de patés y embutidos así como sopas naturales de puré de bacalao cubiertas con rebanadas de chorizo.

Brasseries

Las brasseries aparecieron por primera vez en París en los años subsecuentes a la Guerra Franco-Prusiana (1870-71), cuando muchos refugiados de Alsacia y Lorena, que habían sido vencidos por Alemania en el año de 1918, llegaron a París. Algunos de los nuevos inmigrantes abrieron grandes y bulliciosos establecimientos que permanecían abiertos hasta muy entrada la noche y que se caracterizaban por sus cervezas (*brasserie* significa "cervecería") y por los vinos de Alsacia como el *choucroute garnie,* col fermentada acompañada de puerco fresco, ahumado y curtido con sal.

Hoy en día, París tiene aproximadamente cincuenta brasseries, muchas de las cuales son ahora propiedad de grandes compañías como el Groupe Flo o Les Frères Blanc, dos firmas importantes que administran restaurantes o pertenecen a alguna cervecería importante. La mayoría de ellas no sólo sirve un buen *choucroute garnie,* sino que también algunos *plateux de fruits de mer* (mariscos servidos en charolas grandes, cubiertas por hielo) de la mejor calidad; *grillades* (carnes asadas) con *pommes frites*; y sopa gratinada de cebolla.

La Coupole (14e), que ha existido desde 1927, es un magnífico y animado lugar conocido por la comida típica de una brasserie la cual incluye *choucroute garnie,* ostiones, sopa de cebolla y su cordero al curry que lleva la firma del restaurante.

Balzar (5e) ha sido una de las clásicas brasseries del barrio latino de la ciudad, algo parecido a lo que era la margen izquierda del río a principios de los años '30s. Hoy en día, pertenece al Groupe Flo, pero la mayoría de sus visitantes permanentes declaran que las especialidades originales, el pollo rostizado, el *choucroute garni* y el cordero con ejotes, siguen siendo tan buenos como lo eran anteriormente.

A lo largo de Rue du Faubourg Saint-Denis, entre restaurantes de brochetas, carniceros halal y fabricantes de ropa, encontrará el exquisitamente bello Julien (10e), otra propiedad del Groupe Flo. Creado en 1902 y rico en decoración art nouveau, Julien ofrece platillos clásicos con toques innovadores, como el queso asado Saint-Marcelin servido con una ensalada de arúgula (rocket) o un sustancioso pastel de papas aderezado con hongos.

Cerca de Champs Élysées se encuentra el seductor Le Cap Vernet (8e), decorado en rayas azules y blancas. Es elogiado principalmente por sus soberbios platillos de mariscos y se dice que su selección de ostiones es la mejor de la ciudad. Debe probar los bivalvos en salmuera de lunes a viernes, ya que en los fines de semana, aunque Le Cap Vernet está abierto, no sirve sus charolas de mariscos.

Restaurantes

La diferencia entre los restaurantes y los bistros es muy clara. Por lo general los restaurantes son más grandes, más formales y más elegantes, y sus cocineros pueden introducir los sabores del mundo dentro de la sensibilidad y forma francesa, nunca olvidan la necesidad de mantener la tradición.

El chef Alain Passard dirige el muy renombrado L'Arpège (7e). Alguna vez famoso por sus carnes asadas, Passard escandalizó a *tout París* en Febrero del 2001 cuando dejó de servir carnes rojas para concentrarse en las verduras, así como en algunos mariscos y algunas aves de corral y pollo. Las cenas sazonadas cuentan con un menú basado en las verduras del día logrando así la experiencia más exquisita.

La mejor época para visitar el famoso Le Récamier (7e) es durante la época de los hongos, cuando la pasión de la cocina por los tesoros silvestres del bosque puede explorarse. Algunas veces incluso se ofrece un menú que únicamente contiene platillos con hongos, incluyendo los divinos ravioles de hongos, un puré de papas y hongos y una terrina de champiñones que tiene un sabor de otoño.

La mayoría de los parisinos están de acuerdo en que se debe visitar el epónimo restaurante de innovaciones culinarias de Pierre Gagnaire (8e). Los menús de Gagnaire cambian cada mes, cada

día y algunas veces incluso cada minuto, y sus tapas estilo parisino siempre proporcionan a los comensales una mesa llena de diferentes sabores mundiales, pero mantienen un acento francés.

L´Ambroisie (4e), ubicado en los arcos de la Place des Vosges, del siglo XVII, quizás sea el restaurante más elegante de la ciudad. Su menú ofrece un balance perfecto de lo clásico y lo contemporáneo en platillos como los langostinos al hojaldre con salsa de ajonjolí, pollo rostizado trufado y langosta en salsa de vino tinto con puré de chícharo.

El Taillevent (8e), que abrió justo después de la II Guerra Mundial, es el compendio de los grandes restaurantes parisinos: servicio perfecto, platillos refinados y respeto tanto ante lo tradicional como ante lo moderno. Siempre excelente y a menudo sorprendente, el Taillevent continuamente presenta una experiencia memorable, con salchichas de langosta en una frívola salsa de hinojo y un pastel de chocolate y pistache entre sus platillos de firma.

La cocina de Le Cinq (8e), dentro del hotel Four Seasons George V, es dirigido por Philippe Legendre, anteriormente chef del Taillevent. El restaurante, que fue galardonado con tres estrellas por la Guía Michelin apenas tres años después de su inauguración, sirve alimentos que entrelazan sabores mundiales, pero se mantienen aferrados al mundo clásico.

Joël Robuchon, apodado el Chef del Siglo a principios de los años 90s, se retiró abruptamente en 1995 para sorpresa de muchos parisinos. Pero está de vuelta en las estufas de su restaurante L´Atelier de Joël Robuchon (7e), un establecimiento pequeño con mesas tipo bar, con vista hacia una cocina abierta, en el cual no se pueden hacer reservaciones y que cuenta con un menú de platillos sensacionales e innovadores como el puré de coliflor con ostiones, servido en copas de martini, y los panes dulces con sabor a laurel con acelgas hervidas a fuego lento con crema.

El París Étnico

Como puede descubrir rápidamente todo visitante de esta ciudad, el cenar fuera en París no sólo comprende disfrutar de alimentos franceses. La ciudad alberga miles de inmigrantes de otras colonias, territorios actuales y *départaments*, y gente de todos lados quienes han traído consigo sus platillos nacionales. Gente de todo el mundo, Rusia, Italia, Portugal, Grecia, Japón, Madagascar, etc., se encuentra repartida por toda la ciudad y sus suburbios y algunos inmigrantes, residentes y comercios étnicos han llegado para quedarse.

Por ejemplo, los parisinos saben que deben dirigirse al décimo tercer y vigésimo arrondissement en búsqueda de la auténtica comida china, vietnamita y otros alimentos del sur de Asia. Y que si quieren brochetas turcas o curdas, deben ir a Rue du Faubourg Saint-Denis. Aunque se pueden encontrar restaurantes del norte de África en cualquier esquina de la ciudad, una zona conocida como La Goutte d´Or (18e) cuenta con comedores y mercados con atmósfera magrebina. Son varios restaurantes kosher de couscous estilo tunecino en Belleville que son manejados por judíos sefarditas y restaurantes en el Marais (4e) manejados tanto por judíos sefarditas como por judíos asquenazíes (pruebe L´As du Felafel si desea un falafel divino y asegúrese de ordenarlo con "todo"). Puede encontrar los restaurantes del Caribe en el noveno, los restaurantes africanos en el décimo octavo y los restaurantes hindúes en el décimo. Por decirlo de una manera sencilla, puede disfrutar los sabores de todo el mundo en la Ciudad Luz.

MERCADOS

Casi a diario, París alberga apretados y coloridos mercados en los que se puede comprar foie gras directamente del hombre que cría a los gansos, diminutas y dulces fraises des bois que tiñen sus dedos y labios de color rojo y lentilles vertes du Puy, de color verde oscuro, los cuales se despachan de un gran saco de yute.

La mayoría de los parisinos, tanto en la actualidad como en el pasado, compran sus alimentos a diario y son notoriamente especiales en lo que van a comprar, como se lo podrá decir cualquier marchante. Existen básicamente tres tipos de mercados que llamarán su atención:*rues commerçantes,* o "mercado callejero"; *marchés volants,* o "mercados sobre ruedas"; y, en mucho menor cantidad, *marchés couverts,* o "mercados cubiertos."

En un principio, los parisinos compraban sus provisiones de los vendedores con carretillas de mano que estaban en constante movimiento. El primer mercado permanente de alimentos se estableció en el siglo V en la Île de la Cité, y pronto se abrieron otros. A fines del siglo XII, ese primer mercado había crecido tanto que se mudó a una parte menos poblada de la ciudad, cerca de Rue Saint-Denis y Rue Saint-Honoré, en donde se conoció como Les Halles.

En el siglo XVI, Enrique II agrandó el mercado y lo declaró un centro para ventas de alimentos a menudeo y mayoreo. Al crecer en tamaño e importancia, las actividades del mercado se desbordaron a las calles empedradas que rodeaban el local principal. Se mantuvo en esta ubicación hasta los años 1960s, cuando demostró ser demasiado pequeño para satisfacer las necesidades de la ciudad. En 1969, las ventas a mayoreo se trasladaron a una construcción grande y ultramoderna en Rungis, en los suburbios de París.

Temporadas

Al mismo tiempo se incrementó la cantidad de mercados de ventas a menudeo y para mediados del siglo XIX, gran cantidad de ellos, tanto cubiertos como a la intemperie, se podían ver por toda la ciudad. Los parisinos, a quienes les gusta cocinar y comer los productos de cada temporada, apoyaron a los mercados, al igual que lo hacen hoy en día. En verano, por ejemplo, rápidamente compran pequeñas y suaves calabacitas (courgettes) y brillantes berenjenas moradas (aubergines) que llenan los anaqueles de verduras. Las compras a menudo terminan convirtiéndose en ratatouille para acompañar un trozo de pescado. Las jugosas cerezas de color rojo escarlata, los dorados duraznos y los grandes chabacanos son también llevados a casa, para convertirse en galletas y pasteles.

Con el inicio del otoño, la variedad culinaria cambia a hongos, castañas y calabazas. Casi todos los cocineros hacen una *soupe au potiron* apenas aparecen las deliciosas y pesadas calabazas, acompañadas de salteados hongos obscuros o dorados chanterelles. Los parisinos fácilmente caen en la tentación de las castañas, convirtiéndolas en dulces purés y flanes, sopas sazonadas y atrevidas salsas.

El mercado del invierno trae trufas, trufas y más trufas, junto con hortalizas robustas, papas llenas de nudos y otros tubérculos y raíces. Las costosas trufas podrán aparecer en el corazón de una compleja galantina de pato o aderezar un sencillo omelet, mientras que los alimentos del diario podrán incluir sopa de col hervida a fuego lento o un gratín de papas.

La primavera cuenta con la promesa de los espárragos y las alcachofas, suaves chícharos y pequeñas lechugas, rábanos crujientes y quesos frescos de cabra, berros color verde oscuro y

fraises des bois de color rubí. Esta es la temporada para hacer ensaladas de vegetales y hierbas tiernas, para espárragos a la vinagreta, rábanos y cebollitas de cambray servidas con mantequilla sin sal y espolvoreadas con sal gruesa.

Los Mercados

Las descripciones siguientes de algunos mercados (las dos primeras son *rues commerçantes*, el resto son *marchés volants*) demuestran la diversidad y profundidad de la antigua y venerada tradición hacia los mercados.

Rue Montorgueil (2e) se localiza en el distrito que anteriormente albergaba a Les Halles. Es una *rue commerçante* llena de vida y estilo, que incluye una carnicería de carne de caballo, en la cual una dorada cabeza de caballo anuncia sus productos, y una tienda de fruta y verduras que provee al Hotel Ritz. Stohrer, la panadería que se encuentra en el número 51, fue inaugurada en 1730 por el chef de Luis XV, especializado en hacer pan. Elija el *baba au rhum* de este local y no se desilusionará.

Hilly, en la calle empedrada de Rue Mouffetard (5e) ha sido un mercado lleno de vida desde la época de los romanos. Algunos marchantes atraen a sus compradores con trozos de queso parmesano y mortadela o con algunas aceitunas; otros tientan a los paseantes con piezas de pollo rostizado o pirámides de fruta. Los domingos, se puede ver en la calle músicos tocando en sus acordeones un repertorio de canciones antiguas, mientras que un chanteuse canta y algunas personas del público invariablemente empiezan a bailar, lo cual es todo un placer para jóvenes y ancianos.

El mercado Carmes (5e), cerca del aglomerado Boulevard Saint-Germain y de los Jardines de Luxemburgo, llena el espacio angular entre las dos entradas del metro los martes, jueves y sábados. Aunque fue fundado en 1547, su fachada de vida contemporánea atrae una clientela que se compone tanto de estudiantes bohemios y pensionados en penuria, como de elegantes damas quienes van a comer. Es de especial interés para los compradores fatigados el hombre que vende sales de baño, quien con los pantalones enrollados hasta la rodilla remoja sus pies en una tina llena de agua tratada con su producto restaurador.

El mercado del martes y viernes sobre el Boulevard Raspail (6e) se transforma el domingo en el mejor mercado *biologique* (orgánico) de París. Con la etiqueta "natural" ofrece pollo, sidra, frutas, verduras, *charcuterie* y quesos. Este elegante mercado algunas veces tiene a una campesina de trufas que lleva una canasta llena de su cosecha invernal para venderla.

El mercado de Place de Breteuil (7e) es una explosión de color y sabor en un vecindario decididamente formal. Abierto en jueves y sábados, sus anaqueles muestran una rica exhibición de lo cotidiano, carnes, quesos, frutas, verduras, panes (incluyendo el famoso *pain Poilâne*) algunas veces con un acompañamiento musical. Un vendedor de lechugas por lo general vende sus ensaladas con una canción. En días soleados un pianista da serenata a los compradores.

El Cours la Reine (16e) es otro elegante mercado, ubicado a lo largo de la Avenue du Président Wilson, una amplia avenida dividida en tres carriles. Los compradores van ahí en busca de bellos productos y flores dentro de un ambiente sereno. Asegúrese de comprar en el puesto del alegre y entusiasta Monsieur Gremillet, que no maneja únicamente pequeñas y lujosas latas y tarros con foie gras, sino que también cría a los gansos y patos que le proporcionan sus hígados.

LOS SABORES DE LOS ARRONDISSEMENTS

El encanto de París puede seducir hasta al visitante más saciado, por lo que no debe tratar de resistir los encantos legendarios de la ciudad. En vez de ello, pasee por sus calles y piérdase en la cantidad irresistible de tiendas llenas de gente, los grandiosos monumentos, los amplios bulevares, los *quartiers,* atmosféricos y, por supuesto, las memorables mesas para cenar.

París se localiza en el centro de la región conocida como la Île-de-France, un valle grande y fértil rodeado por ríos y decorado con jardines, mercados, aldeas y famosas vistas, como Versalles, Chartres, Chantilly y Fontainebleau. La ciudad por sí misma, rodeada por un *periphérique*, o calle periférica que la separa de sus múltiples suburbios, se divide en veinte distritos numerados, conocidos como arrondissements. El primer *arrondissement* está en el centro, rodeado por el resto, formando una espiral en el sentido de las manecillas del reloj. Prácticamente cada distrito tiene algún aspecto culinario que ofrecer, desde un maravilloso bistro hasta un próspero mercado y una sorprendente *pâtisserie*.

Primer y Segundo Arrondissements

El primer distrito es el centro histórico de París, hogar de la Sainte-Chapelle, con sus afamados vitrales; el Louvre, con sus incontables galerías; el Jardín de las Tullerías; y la Comèdie Française. También es donde se encuentra la Èglise Saint-Eustache, del siglo XVI, con una pequeña capilla dedicada a los vendedores de frutas y verduras de Les Halles; la primera tienda de chocolates de París, abierta en 1659 en la Rue de L´Arbre-Sec; y el lugar en que se cocinaron las primeras papas a la francesa, cerca del monumental Pont Neuf (página 152). Por todos lados se pueden ver bistros y elegantes restaurantes, la mayoría con precios que van de acuerdo con sus elegantes direcciones. El segundo es una zona de negocios, con la Bolsa de Valores y muchos bancos, pero la calle empedrada de Montorgueil

está llena de tiendas de alimentos, incluyendo la antigua panadería Stohrer.

Tercer y Cuarto Arrondissements

El animado distrito de Marais, que se encuentra entre el tercer y cuarto, está lleno de bella arquitectura, tiendas de moda y agradables bistros y cafés. A lo largo de Rue des Rosiers encontrará una pequeña vecindad judía, que incluso tiene una pastelería y proveedores de falafel, y algunos comedores vietnamitas en la zona ubicada al sur de la estación del metro de Arts et Métiers. El Musée Carnavalet, dedicado a la historia de París, y el Musée Picasso están en el tercero, mientras que Notre Dame, el Centro Pompidou, la Brasserie Bofinger, con 150 años de existencia, y la Île Saint-Louis con el *glacier* Berthillon (página 166) se encuentran en el cuarto.

Quinto, Sexto y Séptimo Arrondissements

El barrio latino, desde hace mucho tiempo considerado el centro de la vida intelectual y artística de París, se encuentra en el quinto. La Sorbona y el Panteón se encuentran en este distrito así como los mercados de Rue Mouffetard (página 24) y la Place Maubert, la popular Brasserie Balzac (página 17) y el hermoso salón de té estilo Magrebino en la mezquita central de la ciudad, ubicada en Rue des Fossés Saint-Bernard. En el sexto barrio, conocido como Saint-Germain, se encuentran dos de las cafeterías más conocidas de la margen izquierda del río, Les Deux Magots y el Café de Flore (página 38).

Este arrondissement también alberga los jardines de Luxemburgo; la gigante iglesia de Saint-Sulpice, con su murales de Delacroix; una calle de mercado ultra chic que va a lo largo de la Rue de Seine y la Rue de Buci; y la legendaria pastelería Poilâne (página 32). El séptimo, que está hacia el oeste, ha sido una zona habitada por gente refinada y con rentas elevadas desde los 1700s. Sus hermosos edificios albergan algunas de las mejores *charcuteries, fromageries y pâtisseries* de la ciudad. También encontrará el Musée d'Orsay (con un excelente restaurante), la Torre Eiffel, el fantástico restaurante L'Arpège (página 17) y Le Bon Marché, una de las tiendas departamentales más finas y famosas de París.

Octavo, Décimo Sexto y Décimo Séptimo Arrondissements

Ubicados a la margen derecha del río, el octavo barrio alberga al Arco del Triunfo, los Champs-Élysées y las irresistibles tiendas de alimentos alrededor de la encantadora Place de la Madeleine, entre ellas Fauchon, Hédiard y Caviar Kaspia. Cerca de la plaza, sobre Rue Vignon, está La Ferme Saint-Hubert, una tienda

de quesos que es un pequeño tesoro, con su propio restaurante en la puerta contigua. Hacia el oeste, el décimo sexto y el más exclusivo de todos, tiene una población razonable de buenos restaurantes, muchos de ellos atractivos para la clientela local ataviada con mascadas de Hermès, joyas de Cartier y sacos de Yves Saint-Laurent. El décimo séptimo, grande y extendido, incluye hacia el norte el Parc de Monceau, un lugar agradable a donde se puede ir fácilmente de día de campo localizado sobre la Rue de Lévis, una calle mercantil muy activa.

Noveno y Décimo Arrondissements

La punta sur del noveno, aunque en su mayoría un distrito formal de negocios, incluye la singular casa de ópera Palais Garnier del siglo XIX. En la punta norte de este arrondissement están la desordenada Place Pigale y el inicio del arte y turismo, el distrito de Montmartre. Au Printemps y Galeries Lafayette, las tiendas departamentales del siglo XIX más importantes de la ciudad, están ubicadas en el noveno así como el antiguo Restaurante Chartier, con precios modestos y decoración de fin del siglo XIX que lo dejará

boquiabierto, además del mercado de frutas y verduras Rue Lepic que ha ido disminuyendo poco a poco. El vibrante décimo distrito reúne una variedad de nacionalidades en una compacta esquina urbana. Empezando cerca de la Gare de L'Est, la Rue du Faubourg Saint-Denis alberga a una gran cantidad de comedores y tiendas de alimentos africanos, hindúes, turcos y curdos. No lejos de ahí está el pintoresco Passage Brady, cubierto apretadamente por restaurantes hindúes. El décimo también alberga al hermoso Musée Baccarat, un gran tesoro de brillante cristal que incluye una tienda en la que puede vestir su propia mesa.

Undécimo y Duodécimo Arrondissements

En los años 1990s, el undécimo, sitio de la Place de la Bastille y la grandiosa Opéra Bastille, fue descubierto por los jóvenes y hippies. El barrio, que en algún momento albergaba talleres de muebles, se convirtió en un mar de cafés y bistros, en especial a lo largo de la frondosa Rue du Faubourg Saint-Antoine. Al igual que el undécimo, el duodécimo alguna vez fue el hogar

de muchos ebanistas, aunque el desarrollo urbano ha eliminado a la mayoría de ellos. El atmosférico Marché d´Aligre, un mercado cubierto que data de finales de los años 1700s, alberga principalmente vendedores franceses e italianos, mientras que las calles justo fuera de él están llenas de puestos y tiendas de productos de África del Norte, junto a otros marchantes asiáticos, turcos y de otros países.

Décimo Tercero, Décimo Cuarto y Décimo Quinto Arrondissements

La extensión al sur del décimo tercer arrondissement alberga el barrio chino más grande de París. Los antiguos residentes piensan que el Butte-aux-Cailles, una pequeña zona de calles empedradas y comedores poco elegantes directamente al suroeste de la Place d´Italie, parece más un vecindario de Londres de los años 1950s que un barrio de París. Cerca de él, sobre Rue Bobillot, se encuentra uno de los bistros modernos más populares de la ciudad, L´Avant-Goût, mientras que un antiguo bistro vasco, L´Auberge Etchegorry, lleno de jamones colgando así como de salchichas y trenzas de ajo

y cebollas, se encuentra en la cercana Rue Crolebarbe. En los años 1920s y 1930s, el décimo cuarto, que incluye una gran porción de Montparnasse, fue la cuna del arte y la literatura, con artistas y sus modelos, escritores y sus musas, cantantes y bailarinas todos de fiesta en Le Dôme y La Coupole (página 17). El desarrollo urbano cambió el paisaje para siempre, pero aún se pueden encontrar muchos lugares agradables para comer y tomar el aperitivo, incluyendo el elegante La Régalade (página 16) y Il Calabrese, un *glaciar* antiguo ubicado en la Rue d´Odessa. Hacia el oeste, el grande y tranquilo décimo quinto es hogar de la escuela de gastronomía Le Cordon Bleu y de un pequeño viñedo en el Parc Georges-Brassens.

Décimo Octavo, Décimo Noveno y Vigésimo Arrondissement

Montmatre, en donde Toulouse-Lautrec pintó a sus bailarinas en el Moulin Rouge y Picasso experimentó su Periodo Azul, ocupa una gran parte del décimo octavo. Hoy en día, la vecindad montañosa, con el Sacré Coeur colocada en su punta más alta, sufre de gran cantidad de

tendencias diferentes, aunque aún se pueden encontrar suficientes bistros, tiendas y bares tradicionales para mantener esta zona atractiva. Los aficionados a los mercados de curiosidades querrán irse a la Porte de Clignancourt para visitar el *marché aux puces* más grande de la ciudad. El décimo noveno, a menudo visto como un lazo indescriptible entre el décimo octavo y el vigésimo, tiene dos puntos brillantes: el Parc des Buttes-Chaumont, con su alta cascada verde brillante y suficiente aire fresco y La Cité des Sciences et de l'Industrie, un gran complejo de ciencia y tecnología. El vigésimo está cubierto totalmente por el Belleville, un barrio que mezcla una miríada de nacionalidades, permitiendo a los visitantes tomar una sopa vietnamita, comer un couscous tunecino, hacer sus compras en las tiendas chinas o comprar una brocheta asiática, todo esto dentro de una pequeña zona. El área adyacente, Ménilmontant, una colonia antigua de obreros, es el sitio de Père Lachaise, el cementerio más importante de la ciudad y el lugar de reposo final de gran cantidad de personas, algunas tan famosas como Colette, Edith Piaf, Proust, Oscar Wilde y el legendario roquero Jim Morrison.

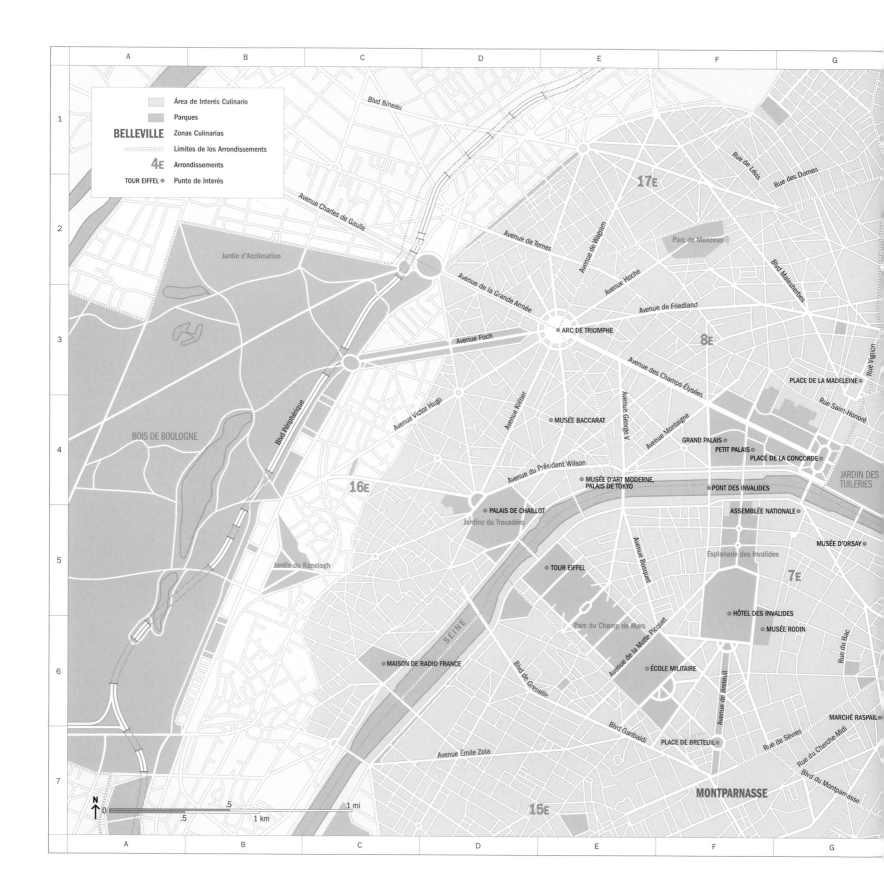

Área de Interés Culinario
Parques
BELLEVILLE Zonas Culinarias
Límites de los Arrondissements
4E Arrondissements
TOUR EIFFEL ● Punto de Interés

Blvd Bineau

Avenue Charles de Gaulle

Jardin d'Acclimation

17E

Avenue de Ternes

Avenue de Wagram

Parc de Monceau

Rue de Lévis

Rue des Dames

Blvd Malesherbes

Avenue de la Grande Armée

Avenue Hoche

Avenue de Friedland

ARC DE TRIOMPHE

Avenue Foch

8E

Avenue des Champs-Élysées

PLACE DE LA MADELEINE

Rue Vignon

BOIS DE BOULOGNE

Blvd Périphérique

Avenue Victor Hugo

Avenue Kléber

MUSÉE BACCARAT

Avenue George V

Avenue Montaigne

Rue Saint-Honoré

GRAND PALAIS

PETIT PALAIS

PLACE DE LA CONCORDE

16E

Avenue du Président Wilson

MUSÉE D'ART MODERNE,
PALAIS DE TOKYO

PONT DES INVALIDES

JARDIN DES
TUILERIES

PALAIS DE CHAILLOT

ASSEMBLÉE NATIONALE

Jardins du Trocadéro

Jardin du Ranelagh

Avenue Bosquet

Esplanade des Invalides

MUSÉE D'ORSAY

TOUR EIFFEL

7E

S E I N E

Parc du Champ de Mars

HÔTEL DES INVALIDES

MUSÉE RODIN

Rue du Bac

MAISON DE RADIO FRANCE

Blvd de Grenelle

Avenue de la Motte Picquet

ÉCOLE MILITAIRE

Avenue de Breteuil

MARCHÉ RASPAIL

Blvd Garibaldi

Rue de Sèvres

Avenue Émile Zola

PLACE DE BRETEUIL

Rue du Cherche-Midi

Blvd du Montparnasse

15E

MONTPARNASSE

N
0 .5 1 mi
.5 1 km

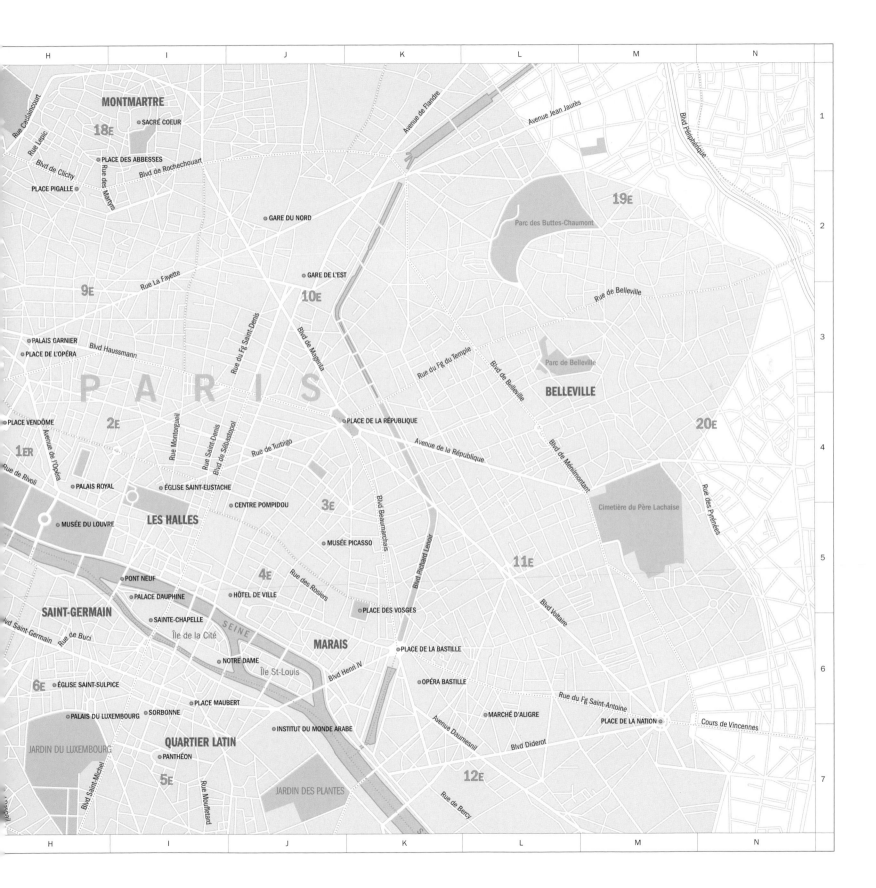

MONTMARTRE

○ SACRÉ COEUR

18E

○ PLACE DES ABBESSES

Rue Caulaincourt

Rue Lepic

Blvd de Clichy

Rue des Martyrs

● PLACE PIGALLE

Blvd de Rochechouart

Blvd de Rochechouart

○ GARE DU NORD

Avenue de Flandre

Avenue Jean Jaurès

Blvd Périphérique

19E

Parc des Buttes-Chaumont

1

2

9E

Rue La Fayette

○ GARE DE L'EST

10E

Rue de Belleville

Rue du Fg Saint-Denis

Blvd de Magenta

● PALAIS GARNIER
● PLACE DE L'OPÉRA

Blvd Haussmann

Parc de Belleville

Rue du Fg du Temple

Blvd de Belleville

BELLEVILLE

3

P A R I S

● PLACE VENDÔME

2E

Rue Montorgueil

Rue Saint-Denis

Blvd de Sébastopol

● PLACE DE LA RÉPUBLIQUE

20E

1ER

Avenue de l'Opéra

Rue de Turbigo

Avenue de la République

Blvd de Ménilmontant

4

Rue de Rivoli

● PALAIS ROYAL

○ ÉGLISE SAINT-EUSTACHE

3E

Blvd Beaumarchais

Cimetière du Père Lachaise

Rue des Pyrénées

● MUSÉE DU LOUVRE

LES HALLES

○ CENTRE POMPIDOU

● MUSÉE PICASSO

Blvd Richard Lenoir

5

4E

Rue des Rosiers

11E

● PONT NEUF

● PALACE DAUPHINE

Rue des Rosiers

SAINT-GERMAIN

● HÔTEL DE VILLE

● PLACE DES VOSGES

Blvd Voltaire

Blvd Saint-Germain

Rue de Buci

● SAINTE-CHAPELLE

SEINE

Île de la Cité

MARAIS

● PLACE DE LA BASTILLE

6

6E

○ ÉGLISE SAINT-SULPICE

● NOTRE DAME

Île St-Louis

Blvd Henri IV

● OPÉRA BASTILLE

Rue du Fg Saint-Antoine

● PALAIS DU LUXEMBOURG

● SORBONNE

● PLACE MAUBERT

● MARCHÉ D'ALIGRE

● PLACE DE LA NATION

Cours de Vincennes

JARDIN DU LUXEMBOURG

QUARTIER LATIN

● INSTITUT DU MONDE ARABE

Avenue Daumesnil

● PANTHÉON

Blvd Diderot

Blvd Saint-Michel

5E

Rue Mouffetard

JARDIN DES PLANTES

12E

Rue de Bercy

7

Lo mejor de **PARÍS**

La delgada baguette, preciada por su crujiente corteza y su suave miga, es un invento relativamente reciente. Apareció por primera vez en París a principios del siglo XX, sustituyendo el pan redondo más tradicional conocido como una *boule,* la raíz para la palabra *boulangerie.*

LA BOULANGERIE

Se puede demostrar que la famosa baguette francesa es perfectamente igual, ya sea en el *sac* de compras de una mademoiselle elegante o dentro del maletín de un carpintero. Algunas personas dicen que la baguette fue inventada por Napoleón, quien insistía en la forma larga y delgada para que los soldados pudieran meterla detrás de su pierna y mantener sus manos libres en la batalla. Pero realmente fue creada antes de la I Guerra Mundial en respuesta a la demanda del consumidor: la gente quería menos mie (migaja) y más corteza. La barra larga de entonces, que medía aproximadamente 76 cm (30 in) y pesaba aproximadamente 2.5 kg (5 pounds), mantuvo su longitud pero su peso bajó a 250 g (1/2 pound), resultando la ahora conocida baguette delgada.

En las décadas subsiguientes a la II Guerra Mundial, la calidad del pan en París, y en toda Francia, iba de caída, ya que las cadenas de panaderías se iban a pique en todo el país. A principios de los 1990s se lanzó una "campaña para el buen pan" para combatir esta tendencia y muchas panaderías parisinas se unieron a este movimiento.

Una de las razones por las que el pan parisino ha recuperado su buena reputación se debe al finado Lionel Poilâne, quien heredó la panadería de su padre en la Rue du Cherche-Midi a principios de los 1970s. Mientras fue el dueño de la panadería, hizo campañas para educar a las personas acerca del gozo del pan tradicional, y su hija Apollonia continúa actualmente con esta cruzada. Ningún amante del pan debe visitar París sin hacer un viaje a Poilâne (6e), hogar del *miche Poilâne,* un enorme pan campestre redondo que fija los estándares en París y alrededor del mundo.

Jean-Luc Poujauran es otro entusiasta e innovador panadero francés. Los anaqueles de su pequeña panadería, con fachada rosa (7e) están llenos con su famosa *baguette biologique,* un delicioso *pain de campagne* fermentado, y rollos rellenos de nueces. Como muchas *boulangeries* parisinas, Poujauran también vende viennoiseries, croissants y otros panes para el desayuno como el *pain au chocolat* y el brioche, muchos de los cuales son considerados de origen vienés, siendo ésta la razón de su nombre.

La bella Au Levain du Marais (4e), que data de principios del siglo pasado, ofrece deliciosas aceitunas *fougasse* y pan oscuro de pasas, mientras que la encantadora Kayser (5e) reúne muestras exageradas de su baguette oscura llena de corteza y sus *viennoiseries,* y de sus panes orgánicos, que se venden en una segunda locación un poco más abajo de la misma calle. A pesar de su nombre la Boulangerie Moderne (5e) data de la Belle Époque. Asegúrese de llegar temprano antes de que las baguettes naturales se agoten.

La baguette, con su corteza crujiente y dorada, es tan parisina como la Torre Eiffel.

Los egipcios hornearon los primeros panes a base de levadura hace miles de años. Hoy en día, los panaderos de la *boulangerie* Poilâne, quienes abastecen el 3 por ciento de todo el pan que se come en París, siguen haciéndolo como en la antigüedad. El *Poilâne,* servido en cientos de restaurantes parisinos, está hecho con levadura natural amasado a mano y horneado en hornos de leña.

Farine Bise

El buen pan se hace con harina de buena calidad. La harina usada en la grande y redonda *miche Poilâne* is called *farine bise* se llama farine bise y es 100 por ciento trigo de molino triturado. Poilâne obtiene su harina de una variedad de antiguos molineros de Francia, quienes muelen su trigo entre piedras de molino. Este proceso desprende aceite del germen, impartiendo a la harina un sabor ligeramente más amargo y una consistencia más cremosa. *farine bise* de color gris claro algunas veces se mezcla con harina integral para crear las barras de *pain de seigle,* el más pequeño de Poilâne.

Hornos de Leña

En la actualidad la mayoría del pan de Francia se hornea en hornos eléctricos industriales. Pero en Poilâne el pan entra a un horno de leña, modelado igual que los hornos de la antigua Roma. Hecho de ladrillo, piedras y hierro colado, quema leña en un fogón debajo del "piso" de piedra. Un hoyo cortado en el piso del horno se conecta con un ducto de hierro llamado *gueulard*, que se puede mover para dirigir el flujo del calor. El techo del horno es bajo, guardando el calor más efectivamente.

El *miche* de la firma Poilâne es una barra de pan denso y chicloso con una corteza crujiente.

Gran parte de su textura se debe al largo proceso de fermentación y elevación, las barras de pan tardan seis horas para hacerse de principio a fin. Pero la manera en la que la barra de pan se hornea también ayuda a su peso. El intenso calor del horno de leña extrae el exceso de agua y el aire de la masa. Una barra de pan empieza pesando aproximadamente 2.2 kg (4.85 pounds), y únicamente pesa 1.9 kg (4.25 pounds) después de horneada. Finalmente, la leña imparte un sabor ligeramente ahumado al pan, un toque rústico que un horno eléctrico o de gas nunca podría lograr.

Haciendo Pain Poilâne

HACIENDO LA MASA Detrás de cada *miche Poilâne* está la *levain*, un fermentador de levadura que eleva el pan y le da su característico sabor ligeramente ácido. El panadero mezcla el iniciador con harina, agua y sal. La mezcla se amasa en una tina de metal durante quince minutos y se deja fermentar durante dos horas. Finalmente, la masa se coloca en una caja grande de madera para reposar otra hora más.

FORMANDO LAS BOLAS Los panaderos de Poilâne dividen la masa en porciones del tamaño de las barras de pan, posteriormente pesan cada una para asegurarse de que pesan exactamente 2.2 kilo-gramos. Las porciones se moldean a mano haciendo círculos y se colocan en canastas individuales de ratán cubiertas con tela, la cual absorbe la humedad y ayuda en la fermentación. La masa reposa en las canastas durante dos horas.

HORNEANDO EL PAN El panadero voltea las barras elevadas con palas de madera, marca la firma P en la corteza con ayuda de un cuchillo, y resbala las barras dentro del horno, en donde se hornean a 230ºC (450ºF) durante una hora. Los leños que arden bajo las barras de pan, le imparten un ligero sabor a madera.

PAIN DE MIE

BAGUETTE

MICHE POILÂNE

COURONNE D'ÉPIS

PETIT PAIN

PAIN DE CAMPAGNE

COURONNE D'ÉPIS

Un pan hecho especialmente para la temporada de fiestas, la *couronne d'épis*, es una baguette a la que se le da forma de *couronne* o "corona". Una *épi* es una espiga de trigo, a la que se trata de imitar al darle a este elegante pan forma puntiaguda.

PAIN DE MIE

El suave y ligero *pain de mie* es la versión francesa del pan para sándwiches de caja. Hecho de harina blanca, azúcar y leche, tiene un interior suave que se puede tostar y usar para hacer los típicos emparedados para la hora del café llamados *croque-monsieur*. Este pan a menudo se vende *en tranches* o "rebanado".

PETIT PAIN

El *petit pain* por lo general se sirve con las comidas, y es una pequeña barra de pan, chiclosa y con corteza crujiente. Antiguamente, los *petit pains* eran pequeñas baguettes, pero hoy en día muchos panaderos están tratando de hacer *petits pains* especiales, agregándoles semillas de ajonjolí o amapola o integrándoles nueces o fruta seca como pasas. Prácticamente se pueden hacer de cualquier tipo de harina, ya sea blanca o integral y algunas veces se usan para hacer pequeños sándwiches, que son un artículo popular en la mayoría de las *boulangeries* importantes.

BAGUETTE

La delgada y tradicional baguette tipo parisino es conocida por su dorada corteza crujiente y su *mie* interior chiclosa y húmeda. En las *boulangeries* más importantes, la masa de las baguettes se deja fermentar lentamente y las barras se hacen a mano. Se cortan varias diagonales sobre cada baguette las cuales al entrar en contacto con el *vapor* hacen que el pan se expanda lentamente en el horno. Las baguettes vienen en diferentes formas, desde la barra tradicional con puntas redondas hasta la más rústica llamada *baguette à l'ancienne* que tiene puntas afiladas haciendo un *ficelle* delgado y crujiente.

PAIN DE CAMPAGNE

Los panes campestres se hacen en toda Francia. Los más típicos son los grandes y redondos *miche*, pero también se producen largos y gruesos como la barra que se muestra en la fotografía superior. Los mejores se hacen con un *levain* (iniciador de levadura natural) y se dejan esponjar lentamente antes de hornearse en un horno de leña. Muchos panaderos usan trigo entero (centeno) o harina integral, lo cual da al pan un sabor rústico y fuerte. El característico pan oscuro se espolvorea con harina y su corteza agrietada permite ver su interior denso y chicloso con orificios irregulares.

PAIN D'ÉPICES

BRIOCHE

PAIN AU CHOCOLAT

CHOUQUETTE

CROISSANT

MICHE POILÂNE

Esta gran barra de pan campestre redondo de la famosa panadería Poilâne se hace a mano, se deja fermentar lentamente dentro de unas tradicionales canastas cubiertas con tela y se hornea en un horno de leña. Hecho por la *méthode au levain* (con un iniciador de levadura natural), un *miche Poilâne* tiene un sabor ligeramente fuerte que puede acompañarse con alimentos dulces o sazonados. El interior es denso y chicloso, con cierto sabor ahumado debido al humo del horno. La corteza de un *miche Poilâne* auténtico siempre lleva la marca de su firma P. Se vende en barras enteras, en cuartos, o mitades en las panaderías y en los mercados de París.

CHOUQUETTE

Ligeras, esponjosas y cubiertas con azúcar gruesa, las *chouquettes* son suaves en su exterior y huecas en el interior. Se venden por peso en las pastelerías y son deliciosas con una taza de *chocolat chaud*. .

PAIN D'ÉPICES

El *Pain d'épices* es parecido al pastel de jengibre que se hace con yemas de huevo, miel y especies y que por lo general se vende en la época de Navidad. Los panaderos mezclan miel y harina de trigo que dejan fermentar durante un mes antes de usarlo como levadura y lo mezclan con los demás ingredientes.

CROISSANT

Muchas personas dicen que el croissant o cuernito fue inventado en Viena (o en Budapest) en los años 1680s. Pero otras insisten que el croissant parisino, un alimento básico en el desayuno, se conoce únicamente desde el siglo XIX. Si las puntas de un croissant apuntan hacia fuera, es un *croissant beurre* y se ha hecho con mantequilla; si las puntas apuntan hacia adentro, es un *croissant ordinaire* y ha sido hecho con margarina.

PAIN AU CHOCOLAT

Aún más tentador que un croissant de mantequilla es el *pain au chocolat*, un croissant rectangular relleno de una o dos delgadas barras de chocolate oscuro. Se sirve a la hora del desayuno o a la hora de la merienda de los niños.

BRIOCHE

Hecho con harina de trigo blanca, mantequilla, huevos y azúcar, un brioche es suave y dulce; se reconoce por su forma tipo panqué ondulado con un nudo sobre su superficie. Se vende en piezas individuales pequeñas o en tamaño familiar que es más grande. El brioche también se hace en forma de rectángulo trenzado, el cual es perfecto para tostar.

Voltaire, el gran filósofo nacido en París, gran figura de la Ilustración y autor del aún muy leído *"Candide"*, desarrolló su imaginación al beber cuarenta tazas de café al día en el legendario café Le Proscope en el sexto arrondissement.

LE CAFÉ

París es una ciudad de cafés, y casi todos los parisinos pasan grandes ratos en ellos; platicando con sus amigos, trabajando en una novela, discutiendo sobre política o simplemente viendo pasar a la gente.

Los cafés en París tienen una larga y colorida historia. Soleiman Aga, el embajador turco de la corte de Louis XIV que llevaba un turbante, introdujo el café a la alta sociedad de París en 1669 y rápidamente todos los miembros de la elite habían tomado una taza. En 1686, un siciliano de Palermo, Francesco Procopio dei Coltelli, abrió el primer café de la ciudad, Le Procope, en la Rue de l'Ancienne Comédie. Era un lugar de reunión para los amantes del café de alto nivel; Víctor Hugo, Napoleón Bonaparte y Benjamín Franklin lo consideraban como el lugar ideal para reunirse con sus amigos y discutir nuevas ideas. Después de treinta años, trescientos cafés se habían abierto por toda la ciudad y docenas de promotores de café trabajaban en las calles

ofreciendo su bebida color tinta. Para fines del siglo, todo París había sido atrapado por la vida del café.

Las primeras décadas del siglo veinte se presentaron como la era de los grandes y vistosos cafés, colocados en las banquetas que parecían palacios con espejos y mármol a los que iba la gente a ver y ser vista. Dos de los más famosos, Les Deux Magots y el Café de Flore (6e), se encontraban uno junto al otro sobre el Boulevard Saint-Germain. Llamaban la atención de los artistas y escritores más famosos de la época, desde Matisse, Sartre y de Beauvoir hasta Picasso y Hemingway, quienes pasaban mucho tiempo con sus codos apoyados sobre las pequeñas mesas de café.

Tanto el Café de Flore como Les Deux Magots siguen siendo de los locales favoritos tanto para la gente de la localidad como para los visitantes. Existen en la ciudad aproximadamente doce mil cafés de todo tipo; grandes y pequeños, para gente acomodada y

para empleados, tradicionales y modernos. Entre ellos está el elegante Café Marly (1er), con vista a la pirámide de vidrio del museo del Louvre. Tome en él un aperitivo o un *café express*, o sacie su hambre con un plato de carne tártara con *frites* o una rebanada de queso Camembert. El más casual, La Palette (6e), un lugar de fin de siglo, en un distrito de galerías cerca de la École des Meaux-Arts, ofrece una visión eterna de la escena de arte de la ciudad.

El Bricolo Café (4e), sumamente inusual y muy popular, ubicado en la zona activa de talleres de la tienda departamental de BHV, ofrece café negro así como alimentos caseros junto con las clases de talleres. Por último, el Café Mouffetard (5e) es un local para trabajadores activos. Muy temprano en la mañana los vendedores del mercado local se aglomeran en el pequeño y sencillo espacio antes de empezar su día de trabajo.

Un *café express,* una mesa sobre la banqueta, y el cielo azul... la tarde perfecta de París.

CAFÉ AU LAIT

NOISETTE

CAFÉ CRÈME

CAFÉ EXPRESS

CAFÉ ALLONGÉ

CAFÉ EXPRESS

Es el clásico café negro, fuerte y pequeño; el equivalente francés al expresso italiano. A menudo se le agrega azúcar, pero nunca leche. El *café express*, ordenado típicamente al decir "un café, s´il vous plait,", se disfruta a cualquier hora del día o de la tarde, cuando se necesita una levantadita. También se bebe al final de las comidas; siempre al final, no con el postre. Los parisinos consideran que la fuerte sacudida causada por el sabor amargo y dulce del *café express* ayuda a estimular la digestión. Si desea disfrutar de ese sabor, pero lo prefiere sin cafeína, ordene un déca

CAFÉ AU LAIT

Muchos parisinos empiezan el día con un café au lait y un croissant o una baguette con mantequilla. En los cafés se sirve esta popular bebida matutina en una sencilla taza alta o en un tazón pequeño, mezclando un *café express* con mucha leche hirviendo y después cubriéndolo con una pequeña porción de crema. Sin embargo, el tazón de café au lait de boca ancha que estuvo de moda anteriormente, diseñado para remojar un croissant, prácticamente ha desaparecido en casi todos los cafés de París; sólo permanece en los más antiguos.

CAFÉ ALLONGÉ

Un *café express* diluido con un poco de agua caliente. En los cafés algunas veces sirven el agua en una jarra para que el cliente pueda agregar la cantidad que desee. Este café ligero algunas veces es llamado *café américain*.

NOISETTE

Un *café express* con un chorrito de leche caliente flotando en la superficie. El café se vuelve de color nuez (filberts), *noisettes*, al mezclar la leche. Es popular en cualquier momento del día, excepto después de la cena cuando los parisinos nunca toman leche con su café.

CAFÉ CRÈME

Esta es otra bebida favorita para la mañana, parecida al café au lait, pero con menos leche. Es más fácil de encontrar que el café au lait. La *crème* se sirve en una pequeña taza ancha y está hecha de un *café express* cubierto con una capa gruesa de leche hervida y una buena porción de espuma. La *crème* es el capuchino francés y por lo general se bebe en el desayuno, aunque algunos parisinos lo ordenan también en la tarde. También se vende en tamaño grande, llamado la *grand crème*, y en tamaño pequeño, llamado *la petit crème*.

CITRON PRESSÉ

THÉ

KIR

PASTIS

CHOCOLAT CHAUD

PASTIS

Una bebida fuerte, clara y con sabor a anís que viene del sur de Francia, el pastis, es un aperitivo conocido que se puede encontrar en los cafés de la capital y en los de todo el país, en especial en los calientes meses del verano. Siempre se sirve en un vaso alto y cónico, acompañado de una jarra de agua con hielo. Cuando el pastis se diluye con el agua, instantáneamente adquiere una apariencia turbia de color amarillo, ya que el agua inicia la cristalización del aceite de menta usado para hacer este licor. Algunas marcas reconocidas son Ricard, Duval, Jeannot, Pernod y Pastis 51.

CITRON PRESSÉ

Es una limonada parisina para prepararla uno mismo: en un vaso alto y transparente con hielo se pone jugo de limón recién exprimido hasta la mitad y se acompaña con un tazón de azúcar y un tarro de agua fría. Un *orange pressée* sustituye al jugo de limón por jugo fresco de naranja.

KIR

Un aperitivo popular que lleva el nombre de un alcalde de Dijon, el *kir*, combina crème de cassis, un licor negro de grosella, con vino blanco seco y se sirve en una copa de cocktail. Un *kir royal* sustituye el vino blanco por champaña.

CHOCOLAT CHAUD

Mucho tiempo antes de que los parisinos hicieran las recetas elegantes de chocolate, por las que actualmente son reconocidos, ya tomaban chocolate caliente y aún lo hacen hoy en día. El mejor *chocolat chaud* es una combinación dulce y oscura que se hace al derretir tablillas de chocolate y es tan espesa que casi puede tomarse a cucharadas. El chocolate caliente se bebe en la mañana o a la hora del té. En algunos cafés el chocolate derretido se sirve en una taza gruesa, acompañado por una jarra de leche caliente, para que el cliente lo mezcle en la mesa.

THÉ

Los parisinos han bebido té por más de un siglo, pueden tomarlo simple, con una rebanada de limón (*thé au citron*) o en algunas ocasiones con un poco de leche (*thé au lait*). Muchos cafés sirven tés de Mariage Frères (página 165), una boutique elegante que vende una buena selección de té simple, ahumado o hecho de mezclas de flores. También se beben tés de hierbas, conocidos como infusiones o tisanas. Entre los más comunes están el té de menta, hierbabuena, flor de limón y manzanilla.

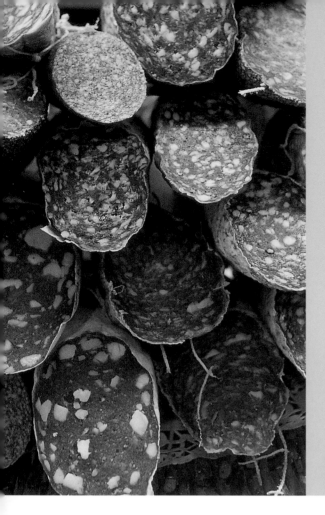

La vocación de una *charcutier* data de antes de la Edad Media, cuando cualquier persona que trabajara con carne debía inventar la forma de curarla y mantenerla fresca durante largos periodos. Así nacieron los artículos conocidos de la *charcuterie* parisina, como son el *saucisson* y el *jambon fumé*.

LA CHARCUTERIE

En todas las zonas de París, casi en todas las calles, se puede encontrar una *charcuterie*, o sea, una tienda que vende jamones, patés y embutidos de diferentes tipos. Algunas tiendas se especializan en los productos de alguna región de Francia en particular, como Auvernia, Alsacia o Périgord; otras son famosas por los productos que venden, que puede incluir una docena de diferentes variedades de *boudin* o una selección especialmente fina de patés.

La mayoría de las *charcuteries* presentan una montaña de inventario, pero prácticamente todas ellas venden lo clásico, incluyendo andouille (salchicha en tripa; el *andouillette* es la versión pequeña), *boudin blanc* (salchichas blancas de pollo, ternera o puerco, algunas veces sazonadas con trufas), *boudin noir* (salchichas oscuras hechas de sangre de puerco), *crépinette* (similar a las salchichas a menudo envuelta en grasa del estómago del cerdo), *jambon cru* (jamón curado en sal), *jambon fumé* (jamón ahumado) y *saucisson* sec (salchichas, por lo general secadas al aire, se comen frías partidas en rebanadas). Además, las *charcuteries* casi siempre venden una selección de patés picados o molidos y mezclas sazonadas de carne, pollo o mariscos así como terrinas, que son patés a los que se les da ese nombre por los recipientes de cerámica en los que se hacen. Dentro de esta variedad también se encuentran los *rillettes*, carne desmenuzada de puerco, pato, ganso o, algunas veces, de pollo o pavo que se puede untar; así como galantinas que están hechas de carne o pollo deshuesado y empacado que por lo general se cubre con aspic.

Además de todas las carnes curadas y cocidas, la mayoría de las *charcuteries* venden charolas listas para hornearse con caracoles rellenos con mantequilla de ajo, diferentes tipos de quiche, una variedad de ensaladas y diferentes platillos listos para comerse. Muchas tiendas también venden comida caliente para llevar a casa a medio día y algunas veces en la tarde, una tradición que nació cuando los parisinos que vivían en pequeños cuartos a menudo no tenían una estufa.

Por supuesto, con cientos de *charcuteries* tanto antiguas como nuevas, rústicas y elegantes de donde elegir, es difícil hacer una selección de unas cuantas para nombrarlas, pero a continuación les presentamos cuatro de las mejores: Charcuterie Charles (6e) es conocida por su gran cantidad de *boudin blanc*, variando su sabor con trufas, avellanas, pistaches o ciruelas. La Charcuterie Coesnon (6e) que también es famosa por hacer *boudin* así como unas terrines exquisitas, jamones curados en sal, salchichas secas y *andouillettes*. Schmid (17e) es la *charcuterie* que debe visitar si desea especialidades de Alsacia, en particular todos los tipos de salchichas. Y, finalmente, la elegante Maison Pou (17e) que cuenta con una increíble selección de vinos, quesos, hongos y trufas, así como gran cantidad de atractivos patés que son una gran tentación.

La *charcuterie* bien surtida de cada zona es toda una institución parisina.

Francia, hogar de más de cuatrocientos tipos de quesos, premia únicamente a sus ejemplares más finos con la *appellation d'origine contrôlée,* una garantía de que un queso ha sido producido en una región geográfica en especial de acuerdo a un método estrictamente definido desde hace muchos siglos.

LE FROMAGE

Francia ha sido conocida por su queso desde tiempos antiguos, cuando su Roquefort y Cantal fueron embarcados hacia Roma para disfrutarse en las mesas de los ricos. Los monjes franceses mantenían vivas las tradiciones de la fabricación del queso del país hasta la Edad Media, cuando se les unieron los pastores de las montañas y las familias de granjeros. Hoy en día, la mayoría de los fabricantes del queso francés trabajan en pequeños poblados y aldeas, producen una cantidad sorprendente de productos artesanales hechos de leche de vaca, cabra y borrego y los añejan durante algunas horas o hasta por varios años.

La mejor forma de explorar esta gran variedad es visitando las *fromageries* (tiendas de queso) de París. Muchas de ellas son atendidas por vendedores que se enorgullecen de tener únicamente la variedad de quesos más finos. Algunas *fromageries* promueven con gran satisfacción productos de sus pueblos natales o aún aquellos hechos por sus propias familias.

Otras son *fromagers-affineurs*, proveedores de queso que viajan por el país en búsqueda de quesos excepcionales. Posteriormente los añejan en sótanos ocultos debajo de las calles de la ciudad antes de sacarlos a la venta. A continuación presentamos únicamente cuatro joyas que merecen la pena ser visitadas entre las muchas opciones que presenta la ciudad.

La bella y pequeña tienda llamada Marie-Anne Cantin (7e), manejada con pasión y devoción por Marie-Anne y su esposo, Antoine Díaz, tiene una impresionante selección de ochenta quesos o más, con la crema triple Saint-Antoine, especialidad de la casa, que lleva el nombre por el santo patrono del señor Díaz. La legendaria Barthélemy (7e), en el mismo barrio, es famosa por vender a los ricos y famosos, pero cualquiera que pasa por ahí por lo general es tentado a entrar a disfrutar la maravillosa exposición de quesos, en particular los de Vacherins.

J. Molard (9e) es una *fromagerie* del siglo pasado que ha sido propiedad de varias generaciones. Tiene mesas de mármol y es muy acogedora. Se localiza en la Rue des Martyrs, una importante calle con comercios desde los años 1700s, admirada por sus quesos de Saboya y sus variedades de queso de cabra. Alléosse (17e) pertenece a una familia cuyos miembros no sólo recorren Francia, sino toda Europa, para obtener los quesos más finos. También son *affineurs*, que añejan quesos en los sótanos de su tienda.

La mayoría de los franceses que compran en las *fromageries* preparan platos de quesos que sirven generalmente como plato final en las cenas cotidianas. Algunos consejos pueden asegurar una buena selección. Si quiere un plato básico, elija tres quesos de diferentes texturas y sabores; uno suave, como el Camembert ligero, uno más añejo como el Comté firme y uno relativamente fuerte, el Munster. Si quiere una variedad de seis quesos, agregue un queso azul, un queso fuerte de cabra y algún otro especial que se le antoje.

Algunas *fromageries* tienen más de doscientos tipos diferentes de queso.

Grandes ruedas de suave, ligero y cremoso Brie se encuentran en casi todas las *fromagerie.* parisinas. El Brie de Meaux, hecho en los alrededores de la ciudad del mismo nombre, ha sido llamado durante mucho tiempo el Rey de los Quesos y el Queso de los Reyes. De hecho, la cocina de la corte de Louis XIV tiene la reputación de haber tenido una demanda constante de cincuenta ruedas de queso a la semana.

Tipos De Queso Brie

Una gran cantidad de queso Brie se produce masivamente en Francia cada año. El Brie auténtico, que viene del *département* de Seine-et-Marne, al este de París, se hace de leche sin pasteurizar y tiene una sedosa corteza blanca con grietas de moho anaranjado. El Brie de Meaux, con su característico centro suave, es la variedad más común. Los conocedores prefieren el Brie de Melun, que es más difícil de encontrar y tiene una textura más firme. Busque el queso Brie *fermier*, que está hecho de leche de una sola granja.

Fermentación

El queso Brie obtiene su elegante sabor y suave textura durante el añejamiento. El Brie de Melun se deja secar durante cuatro semanas y se añeja por lo menos durante seis semanas, mientras que el Brie de Meaux se deja secar durante una semana y se añeja por lo menos cuatro semanas. El Brie no es el único queso francés que se añeja en una región diferente a la región en donde se produce. Muchos fabricantes de queso Brie envían sus productos a los *affineurs*, quienes los añejan en cuartos especiales de enfriamiento.

Para desarrollar su carácter completo, el queso Brie debe dejarse añejar sobre trozos de paja. En las primeras etapas en las que se sala y seca, la paja permite que escurra el agua de las ruedas, separando la grasa de mantequilla que es la clave para obtener este exquisito queso de firma. En las últimas etapas del añejamiento, la paja deja marcas rayadas sobre la corteza, dándole al producto terminado una imagen de pasto y hierba. Si un queso Brie no tiene estas marcas que lo identifican, es porque probablemente fue producido en una fábrica moderna en vez de haber sido producido en la forma acostumbrada dentro de una granja. Ambos tipos de queso Brie a menudo son añejados durante otras dos o tres semanas en las tiendas antes de venderse. Se dice que el Brie está *bien fait*, o perfecto para comerse, aproximadamente después de diez semanas.

Haciendo Brie de Melun

CUAJANDO LA LECHE La leche, recién ordeñada de la vaca, se vierte en un tanque grande de metal, se le agregan enzimas lácticas y se le retira un poco de crema. La leche se pasa a cisternas más pequeñas, se le agrega cuajo y se deja cuajar durante dieciocho horas.

HACIENDO LOS QUESOS Los cuajos se vacían en grandes moldes redondos, perforados hasta obtener 18 cm (7 in) de profundidad. Los moldes se colocan sobre los trozos de paja y se dejan escurrir durante cinco horas. Posteriormente, se pasan los cuajos a moldes de aproximadamente 27 cm (10½ in) de diámetro, el tamaño de un Brie de Melun ya terminado. Se salan y dejan secar un día reduciéndose 5 cm (2 in).

SECANDO Y AÑEJANDO Los quesos se dejan secar en un cuarto frío durante cuatro semanas, mientras llegan a su altura final de 3 cm (1¼ in). Posteriormente se colocan en otro cuarto de enfriamiento, en el que se añejan mínimo durante seis semanas, mientras que el interior se hace más cremoso y se marcan las líneas en la corteza de la rueda. Sin embargo, aún en el momento más maduro, el Brie de Melun mantiene su consistencia firme.

VALENÇAY

ROQUEFORT

COMTÉ

CHABICHOU

LINGOT

CROTTIN

REBLOCHON

CHABICHOU

Este queso ligeramente dulce, hecho de leche de cabra de la región de Poitou-Charentes, se reconoce por su forma alta y cilíndrica y su arrugada corteza. Se añeja de uno a dos meses y se puede comer fresco, cuando está firme y cremoso; o maduro, cuando empieza a agrietarse y toma un sabor natural a mantequilla.

CROTTIN

El crotttin viene en muchas variedades, pero siempre está hecho de leche de cabra. Se come inmediatamente después de que se cuaja y es tan suave que puede untarse. Se añeja hasta por seis semanas y desarrolla una corteza dura y una consistencia más blanda en su interior.

VALENÇAY

Este queso suave de pasta blanda, elaborado con leche cruda de cabra, se cubre con ceniza y se le da forma de una pequeña pirámide truncada. Se añeja en un cuarto húmedo durante un mes. El Valençay es húmedo y suave, y tiene una consistencia quebradiza.

LINGOT

Llamado así por su parecido al *lingot*, o lingote de oro. Este ligero y suave queso de cabra se añeja por un mínimo de tres semanas. Tiene una corteza suave, un sabor delicado y una consistencia excepcionalmente cremosa y es mejor si se come antes de que se ponga duro.

ROQUEFORT

Madurado en las profundidades de las cuevas de piedra caliza bajo la aldea de Roquefort-sur-Soulzon, el famoso queso azul de Francia tiene un sabor, textura y olor únicos. Hecho de leche cruda de borrego, el queso roquefort tiene venas con un distintivo moho azul, creado al agregarle *Penicilliun roqueforti* durante su elaboración. Un queso cremoso y salado, el roquefort, se hace más fuerte a medida que se va madurando, logrando su mejor punto de maduración aproximadamente a los seis meses. Es delicioso si se acompaña de una copa de Sauterne o un plato de higos frescos.

REBLOCHON

Un queso semi duro y cremoso con una corteza deslavada, el Reblochon, se hace en las montañas de Saboya con leche de vaca. Durante el proceso de añejamiento, que toma aproximadamente un mes, las ruedas de queso Reblochon se voltean cada dos días y se lavan con suero, dándole a la corteza una textura firme y un color anaranjado. Un queso relativamente suave pero muy aromático, el Reblochon, se derrite sobre una *tartiflette*, un delicioso cocido local de papas, cebollas y tocino.

TOMME DE SAVOIE

SAINT-NECTAIRE

ÉPOISSES

CAMEMBERT

BRIE

COMTÉ

Hecho en las Montañas de Jura con leche cruda de vaca, el queso Comté, también conocido como Gruyère de Comté, se encuentra entre los quesos de firma favoritos de Francia. Durante su añejamiento, la corteza se endurece y el queso dorado se hace firme y chicloso.

TOMME DE SAVOIE

Relativamente bajo en grasa, el queso tomme de Savoie es un queso semi-firme hecho de leche parcialmente descremada de vaca que queda después de hacer la mantequilla. Se añeja durante varios meses y su corteza es dura y tiene un fuerte olor. El interior es suave y su consistencia esponjosa.

BRIE

El queso Brie viene en dos variedades principales, el Brie de Meaux y el Brie de Melun. Ambos son quesos cremosos y suaves y tienen sedosas cortezas blancas y firmes. Hechos de leche cruda de vaca, los Bries auténticos tienen un fuerte aroma así como un intenso sabor a nuez.

ÉPOISSES

Un queso dulce, salado y fuerte de la región de Borgoña, el queso de Époisses se añeja durante por lo menos un mes. Es un queso de leche de vaca suave y aguado. La corteza se lava con orujo, un licor fuerte de uva, o con vino blanco que proporciona al queso su distintivo sabor y color naranja rojizo.

SAINT-NECTAIRE

Hecho de leche cruda de vacas en pastoreo sobre las cimas exuberantes de las montañas volcánicas en Auvernia, el queso Saint-Nectaire es un delicioso queso semi-firme que tiene un olor a humedad y un sabor a avellana (filberts). Su corteza se marca con moho amarillo y rojo el cual cubre al queso durante su añejamiento de seis meses sobre centeno. El Saint-Nectaire auténtico siempre incluye una pequeña etiqueta verde sobre su corteza que demuestra su autenticidad.

CAMEMBERT

Aunque se le da el crédito a la granjera Marie Harel de Normandía por haber inventado el actualmente famoso queso Camembert en el año de 1791, probablemente es más exacto decir que ella refinó la receta de un queso que ya existía en su localidad. Hoy en día, el queso Camembert se produce en enormes cantidades en Francia y en el resto del mundo. Sin embargo, las versiones industriales pueden tener menos sabor, mientras que el Camembert tradicional, hecho a mano, de leche cruda de vacas de Normandía y cubierto por una corteza blanca nevada, es una delicia cremosa.

Francia, un país cuyo territorio y tradicionales regionales son sumamente diversas, produce un sinnúmero de tesoros culinarios, desde las fuertes mostazas color amarillo y las mieles aromáticas hasta los aceites de oliva color verde dorado, y prácticamente todo esto se vende en las tiendas de París.

TIENDAS DE ESPECIALIDADES GASTRONÓMICAS

París es conocido tanto por sus comercios como por su cocina, dos privilegios populares que convergen irresistiblemente en las tiendas de alimentos de la ciudad. Estas minas de oro culinarias varían desde las boutiques que se especializan en un solo artículo hasta las tiendas que presentan ingredientes regionales y las *grandes épiceries*, que son emporios laberínticos que tienen prácticamente cualquier tipo de alimento que se pueda imaginar.

Entre las mejores boutiques está À L'Olivier (4e) fundada en los años 1820s en el corazón del Marais. Actualmente, es una cadena mundial que se especializa en aceite de oliva y otros aceites de alta calidad. Esta tienda vende también otros productos de oliva, como mostazas de oliva y jalea de oliva.

Oliviers & Co. también vende aceite de oliva de alta calidad en sus tiendas diseminadas por todo París y el resto del mundo. Cuando visite el mercado de Rue Mouffetard (5e) pruebe las aceitunas que ofrecen para degustar afuera de la tienda. Los parisinos son muy especiales en lo concerniente a su mostaza y Maille, uno de los fabricantes de mostaza más prestigiados de Dijon, les vende a estos discriminadores clientes dentro de su perfecta tienda que lleva el mismo nombre y se encuentra ubicada en la Place de la Madeleine (8e). Varias mostazas con diferentes sabores, al brandy, estragón, vino tinto, limón, etc, se venden por frasco, incluso venden mostaza recién hecha "de barril"; lleve su propio recipiente para que se lo llenen. La tienda también ofrece vinagres aromáticos, jabones de aceite de oliva y los *cornichons* con esencia de estragón, sin los cuales no estaría completo ningún plato de paté parisino.

La Place de la Madeleine también alberga al conocido Caviar Kaspia (8e) fundado en los años 1920s por los rusos que huyeron de la Revolución Bolchevique. Rápidamente la tienda se llenó con inmigrantes recién llegados en busca de vodka, caviar, salmón ahumado y blini. El Caviar Kaspia aún vende estos productos. Suba por la escalera de caracol hasta el opulento restaurante de la tienda si desea una comida especial, tomando en cuenta que el caviar y el champagne combinan deliciosamente.

Las trufas, al igual que el caviar, son una extravagancia que muchos parisinos no pueden resistir. Durante la temporada de trufas, algunas tiendas venden hongos frescos, pero para muchos aficionados la Maison de la Truffe (página 151) fácilmente vence a cualquiera de sus competidores.

La miel de abeja no es tan cara como el caviar o las trufas, pero causa la misma pasión debido a su excelencia. La familia Galland reconoció ese entusiasmo hace más de un siglo y abrió La Maison du Miel (9e). Esta tienda, tipo antiguo, vende casi tres docenas de diferentes tipos de miel de abeja de todas las regiones de Francia, muchas de ellas de las mismas colmenas de los Galland, en sabores que van desde la miel de lavanda hasta la de girasol y de tomillo. También puede comprar pasteles de miel y especias, pastillas de miel y velas hechas de cera de abeja.

Los parisinos aprecian el lujo en la mesa...caviar, foie gras, trufas.

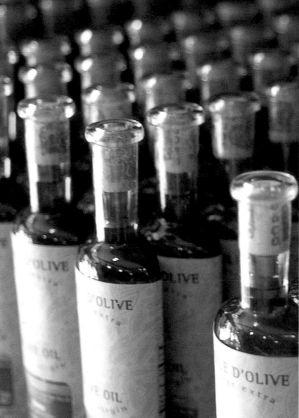

Les Abeilles (13e), otra tienda que ofrece miel de abeja proveniente de todo el país y del resto del mundo, también vende mieles obtenidas de colmenas ubicadas en diferentes lugares de París, desde el Bois de Boulogne hasta el Bois de Vincennes.

París está lleno de gente originaria de otras partes de Francia, muchos de los cuales extrañan los sabores de su infancia, pero docenas de pequeñas tiendas de especialidades gastronómicas pueden satisfacer todos sus caprichos. L´Ambassade du Sud-Ouest (7e) vende los sabores del suroeste, desde el foie gras hasta el *jambon cru*,

el hogar de algunos de los mejores grandes almacenes de alimentos o grandes épiceries. Hédiard (8e), en la Place de la Madeleine, es justo un buen ejemplo de ello. Cuando camine bajo el atrevido toldo a rayas rojas y negras, pase los anaqueles de fruta que se encuentran afuera y atraviese las puertas, notará el delicioso aroma dulce y fresco de las frutas tropicales. Hédiard es famoso por sus frutas tropicales, esto se debe en parte a que su fundador Ferndinand Hédiard fue el primero en importar mangos a Europa hace más de un siglo. Lo siguiente que podrá notar es el olor a especias, la fragancia de tés y todas las diferentes

Desde las preciosas boutiques hasta los rústicos puertos regionales y las elegantes tiendas de abarrotes, París es un paraíso en donde pueden comprar aquellos a quienes les encanta la comida.

patés con infusión de trufas y *rilletes de canard*, terrinas y tartas. A medio día, puede sentarse a disfrutar un sándwich de foie gras o uno de tiernos huevos revueltos con hongos en el restaurante más cercano.

Cualquier persona que haya crecido en las provincias vascas encuentra el camino hasta Pierre Oteiza (8e), en donde un mar de salchichas colgando y jamones dan la bienvenida a los clientes. Busque *jambon des Aldudes*, un jamón crudo curado al aire libre, hecho de cerdos que han sido alimentados con castañas y bellotas en los bosques de la zona de los Aldudes. Esta tienda también vende Irouléguy, el vino tinto del país vasco y un *eau-de-vie* de manzana agria que no debe perderse. Los anaqueles están llenos de foie gras, compotas de frutas, latas de cassoulet y tarros de *piment d´Espelette*, pimiento rojo molido medio-picante que es indispensable en la cocina vasca.

Córcega es conocida por sus quesos de leche de borrego y U Spuntinu (9e), una tienda que no queda lejos de Place de la Madeleine, tiene muchos tipos diferentes, entre los que se pueden encontrar el claro Brin d´Amour, cubierto con hierbas silvestres con esencia de maquis, el arbusto bajo de la isla. La tienda también vende una rica variedad de salamis, pastas y platillos preparados de Córcega. Además de las pequeñas tiendas, París es

capas de otros aromas, una combinación impetuosa de olores que convierte a Hédiard en una de las tiendas más finas del planeta.

Al otro lado de la Place de la Madeleine está el renombrado Fauchon (8e), que vende miles de productos que van desde chocolates hasta especias, desde *charcuterie* hasta cafés, incluyendo una gran selección de alimentos internacionales. Si hay alguna fruta o verdura que no encuentre en cualquier otro lado, probablemente aquí la encontrará. Y sin importar cuál es el alimento exótico más novedoso, de seguro también aquí lo podrá encontrar.

La última adición a la lista de los grandes emporios de alimentos de la ciudad es La Grande Épicerie de París, en Le Bon Marché (7e) que tiene productos tanto de la vida común como esotéricos dentro de sus espaciosos y pulidos locales. Hay aproximadamente ochenta aceites de oliva y pilas de pastas de todas formas, tamaños y colores. La variedad de quesos italianos compite contra la *salumerie* más famosas de Roma y los consumidores de sushi más exagerados encontrarán más pescado crudo del que puedan necesitar. También hay un departamento de panadería muy bien surtido, una tienda de vinos finos y una intrigante colección de alimentos congelados y artículos para llevar a casa.

El vino es una fuente de gran orgullo regional en Francia. En París, no es extraño que un mesero insista a los comensales en que prueben *très bon vin* de su pueblo natal. Es el vino que conoce mejor, el vino que ha bebido a lo largo de su vida, por lo que es una experiencia que quiere compartir.

LE VIN

Si usted sabe algo acerca de la excepcional selección de vinos disponibles en París podrá tener mejor criterio para escoger donde cenar en la ciudad en donde la excelente comida y el vino fino van de la mano. Pero el tema del vino francés es demasiado amplio y complicado para incluirlo en su totalidad dentro de estas páginas. Por lo tanto, a continuación mostramos únicamente una visión breve de lo que se produce en las regiones más famosas de vino de Francia y algunas ideas de los lugares en donde debe tomar y comprar vinos en París.

Bordeaux generalmente es considerada la región vitivinícola más famosa del país. Se lleva la medalla de oro en los vinos tintos, añejos, de cuerpo medio y vinos cordiales, y en algunas variedades de vinos blancos. Los vinos tintos de Bordeaux se hacen con uvas de Cabernet Sauvignon, Merlot, Cabernet Franc, Malbec y Petit-Verdot, mientras que los blancos principalmente se hacen con uvas Sauvignon Blanc y Sémillon.

Borgoña, la otra región de vinos importantes de Francia y hogar del afamado Côte d'Or, produce vinos tintos con base de Pinot Noir y un poco de Gamay y los blancos se hacen de Chardonnay y una pequeña cantidad de Aligoté. El Beaujolais técnicamente también es un vino de Borgoña, aunque está hecho en gran parte de uvas de Gamay. El vino blanco de Borgoña, hecho con uvas de Chardonnay, es el Chablis de color amarillo claro que es sumamente refrescante.

La Alsacia, al norte del país cerca de Alemania, es reconocida por sus vinos blancos. El Riesling es considerado el vino más fino hecho con las uvas de Alsacia, pero la región también es famosa por su aromático Gewürztraminer, el delicioso Pinot Gris, el Pinot Blanc y Sylvaner que son buenos vinos para tomar a diario.

La Loire, al oeste de Francia, produce una gran variedad de vinos vigorosos hechos principalmente de uvas Sauvignon Blanc, Gamay, Chenin Blanc y Melon de Bourgogne. El Chinon y el Bourgeil están entre los vinos tintos de La Loire

más famosos. Hacia el oeste y el mar, la región de Muscadet produce vinos blancos ligeros y neutrales hechos de uvas del mismo nombre.

El Rhône, al este de Francia, es hogar de las uvas para vino tinto noble Syrah, el frutado Grenache y el delicioso Cinsault. Los vinos tintos locales, incluyendo el Hermitage, Gigondas y Châteneuf-du-Pape, son grandes vinos, llenos de tanino y sabor y son perfectos para añejar. Viognier, Roussanne y Marsanne son las uvas principales que se usan para el vino blanco, y el Condrieu, hecho de Viognier, es un vino blanco que está de moda. En esta zona también se embotellan algunos deliciosos rosados, incluyendo el Tavel y el Lirac. El Rhône también es hogar de uno de los mejores vinos dulces de París, el aromático Muscat de Beaumes-de-Venise.

Al suroeste de Francia se producen vinos tipo Bordeaux con acento vasco. Las uvas Cabernet, Merlot, Malbec, Tannat, Negrette y Fer producen los famosos vinos tintos robustos de la región. Cahors es un buen ejemplo, así como los tintos de

Durante la *vendange*, toda la familia trabaja para cosechar las uvas.

Bergerac. Las uvas Sauvignon Blanc, Sémillon, Mauzac, Gros Manseng y Petit Manseng se convierten en vinos blancos que son menos conocidos, quizás merecidamente, aunque el vino Monbazillac es un delicioso vino blanco dulce. El Madiran, de los altos Pirineos y el menos conocido Gaillac del Tarn, son vinos tintos fuertes de color oscuro.

Al este se encuentra Languedoc y Roussillon, donde alguna vez se produjeron vinos ordinarios del diario. Hoy en día, los grandes viñedos soleados del área han producido mejores vinos tintos que blancos, casi todos ellos a buen

vinos locales. La historia del cultivo de uvas y el procesamiento de vino en París data de la Edad Media, cuando había viñedos de abadías diseminados por toda la ciudad. En la actualidad, aún existen tres viñedos principales: uno hacia la punta de Montmartre, que produce un vino tinto embotellado bajo el nombre de Clos Montmartre; otro, el más grande se encuentra en Suresnes, un suburbio del oeste de París que fue replantado en los años 1960s; y el tercero en el Parc George-Brassens (15e), en el que el vino de varios cientos de vides Pinot Noir se etiqueta con el nombre de Clos des Morillons.

En París, todos los vinos franceses están a la mano, y uno de los mayores placeres de estar en la ciudad es el poder saborearlos.

precio. Los dulces, aromáticos y azucarados Muscats de la región, el Muscat de Frontignan de Languedoc y el Muscat de Rivesaltes de Rousillon, son los que llaman la atención. El Roussillon´s Banyuls, un vino tinto dulce fortificado hecho de uvas Grenache secadas al sol, combina perfectamente con un postre de chocolate.

Provenza y Córcega producen vinos rosados secos, blancos ligeros y algunos tintos aromáticos. El nombre provenzal más famoso, Bandol, es conocido por sus vinos tintos longevos y por sus rosados refrescantes hechos en su mayoría de las uvas de Mourvèdre. La mayoría de los viñedos de Córcega son plantados con vides italianas en vez de francesas; las variedades de uvas más conocidas son la Vermentino, Sciacarello y Nielluccio. El dulce y aromático Muscat du Cap Corse se bebe como aperitivo o como vino para acompañar el postre.

Otras regiones embotellan vinos espumosos, pero únicamente Champagne, justo al este de París, produce la legendaria bebida seca y efervescente que lleva el mismo nombre. El champagne se produce de tres uvas: Chardonnay, que proporciona textura, Pinot Noir, que da cuerpo y Pinot Meunier, que agrega vivacidad.

Sin embargo, incluso los parisinos tienen sus

Los bares de vino son algunos de los mejores lugares para probar los vinos franceses en París. Legend Filles et Fils (2e), un bar y tienda de vino de fines del siglo XIX, es un lugar perfecto para empezar. Ordene un poco de queso de cabra o una rebanada o dos de jamón rústico para acompañar su vino. Le Verre Volé (10e), en el área del Canal Saint-Martin, también tiene una excelente selección de vinos, unas cuantas mesas y de vez en cuando un ambiente de licores.

Los restaurantes de tres estrellas, Le Cinq (8e) y el Taillevent (8e), tienen los mejores sótanos de vinos de París. Este último también tiene una tienda de vinos bien surtida llamada Les Caves Taillevent (8e). El chef Alain Dutournier, que está a cargo del elegante Le Carré des Feuillants (1er), también maneja una tienda de vinos ubicada en el sótano abovedado del siglo XVIII que está debajo de su restaurante.

Las mejores *caves* parisinas, o tiendas de vinos, ofrecen una variedad especial, mayor aún que la que ofrece un supermercado. Dos buenos ejemplos son La Dernière Goutte (6e) y Caves Mirad (6e), una exquisita tienda del siglo XIX que antiguamente vendía lácteos. Las veneradas *grandes épiceries*, Fauchon y Hédiard (página 53), también tienen excelentes departamentos de vino.

Champagne es la región más cercana a París en donde se fabrica vino. Los famosos vinos espumosos de la zona son el producto de un proceso más elaborado que el que se usa para hacer vinos que no son espumosos. Todo empieza en la tierra especial de Champagne, adquiere su forma a través de una larga serie de pasos en la fábrica vinícola y se perfecciona en sótanos húmedos de yeso, construidos originalmente por los romanos.

Añejando Sur Lattes

Dentro de sótanos de yeso se estiban botellas de champagne horizontalmente, hasta los 3 metros (diez pies) de altura, en filas que pueden llegar a ser tan largas como de 1 kilómetro (dos tercios de milla). Aquí, los vinos se añejan sur *lattes* (sobre pupitres) para la segunda fermentación dentro de la botella. Una vez que la mezcla ha sido determinada, el vino joven se embotella y se le agrega una mezcla de azúcar y levadura. Es cuando se inicia la fermentación y la botella se sella con un corcho para dejarla reposar por lo menos durante quince meses.

Etiquetas de Champagne sin Mitos

Los términos *brut non-dosé, brut, demi-sec* y *doux* significan respectivamente "totalmente seco", "seco", "semi seco" y "dulce". La frase *blanc de blancs* quiere decir que el vino fue hecho totalmente con uvas Chardonnay blancas. *Blanc de noirs* significa que fue fabricado totalmente con uvas rojas Pinot Noir y Pinot Meunier.

La mayoría de las botellas de champagne no tienen anotado el año de la cosecha (nonvintage NV), esto significa que es una mezcla de vinos que balancea la calidad de las cosechas de diferentes años. Por lo tanto, la mayoría del champagne es fabricado por grandes productores que compran sus uvas. Tales productores son llamados *négociant-manipulant*. Por el contrario un *récollant-manipulant* o un *propriétaire-récoltant* es un productor menor que cultiva sus propias uvas. A menudo éstos son vinos artesanales de alta calidad. Las botellas marcadas con un año de vendimia sobre la etiqueta deben ser fabricadas con uvas de una cosecha de alta calidad de un solo año. Este es el champagne millésime, o de vendimia, y es añejado durante más tiempo que el NV, o sea los vinos que no tienen año. El champagne más fino viene de muy pocos poblados denominados grand cru (gran cultivo) o *premier* cru (primer cultivo).

Fabricación de Champagne

PRENSA Y PRIMERA FERMENTACIÓN Después de la cosecha, las uvas son prensadas y el jugo se pasa a unas vasijas de acero inoxidable. Se agrega levadura y empieza la primera fermentación.

MEZCLA Y SEGUNDA FERMENTACIÓN Después de que se determina la mezcla, el vino es embotellado, se le agrega una mezcla de levadura y azúcar y empieza una segunda fermentación. En este punto, se atrapan burbujas de dióxido de carbono en la botella. Las botellas son agitadas varias veces, o *poignetage,* para mezclar la levadura y enriquecer el vino y se dejan añejar sur *lattes*.

REMOCIÓN Las botellas se colocan en un ángulo. A cada botella se le da una serie periódica de giros, conocido como remoción, para hacer que el sedimento se deposite en el cuello de la botella.

DEGÜELLO Y DOSIFICAICÓN Los empleados de los sótanos se aseguran de que todo el sedimento esté acumulado. Posteriormente, en un proceso llamado degüello, se congelan los cuellos de las botellas; el sedimento congelado se expulsa cuando las botellas son abiertas brevemente. Se agrega una *dosage* de vino nuevo y azúcar. El vino está listo para ser enviado o para añejarse durante más tiempo.

CHAMPAGNE

MUSCAT DE
BEAUMES-DE-VENISE

SANCERRE

MUSCADET

MORGON

CAHORS

CHAMPAGNE

Una cosecha larga y fresca así como los característicos suelos cretáceos dan al champagne la vibrante acidez, el carácter mineral y el sabor frutado que otros vinos espumosos únicamente pueden imitar. El champagne *Blanc de blancs*, hecho únicamente de uvas blancas, tiene un carácter mineral más pronunciado que el champagne de uva roja *blanc de noirs*, que combina bien con los platos principales y tiene un agradable sabor a chocolate. El champagne rosé o rosado a menudo es más frutado y ligeramente más dulce que los demás.

MUSCAT DE BEAUMES-DE-VENISE

Este *vin doux naturel* blanco del valle Rhône del sur de Francia es preciado por su dulzura, cuerpo y aroma floral. *Vin doux naturel* es jugo de uva parcialmente fermentado cuya fermentación ha sido detenida al agregarle brandy. El resultado es similar al Oporto, aunque el vino francés fortificado es más dulce y tiene menos alcohol que su pariente portugués. Beba Beaumes-de-Venise como aperitivo o para acompañar el postre.

SANCERRE

Las aldeas de piedra caliza de Sancerre en la parte superior del Valle de la Loire producen los vinos Sauvignon Blancs que son los más frutados e inexorables del mundo. Los Sancerres son vinos refrescantes que sacian la sed.

MUSCADET

El vino Muscadet está hecho de uvas Melon de Bourgogne que se cultivan en la fresca tierra de granito en donde se une la Loire con el Atlántico. En ocasiones ligeramente espumoso, es un vino blanco con aroma cítrico y mineral cuyo carácter casi salino descubre su proximidad al mar. Combina perfectamente con los *moules marinières*.

MORGON

Una de las famosas diez *crus* (mejores cosechas) de Beaujolais, el Morgon, hecho de uvas Gamay Noir, es un vino tinto de cuerpo entero que sugiere el sabor original de las cerezas Bing y las especias.

CAHORS

El vino oscuro así llamado de Gasconia es una mezcla color rubí oscuro de uvas Marbec y Tannat que hoy en día es un poco más agradable y su color es más ligero. De cualquier forma, el Cahors sigue teniendo una brizna de carácter robusto y "campirano" que lo convierte en un compañero agradable para los platillos muy sazonados de carne roja.

BORDEAUX

BROUILLY

CÔTES-DU-RHÔNE

BEAUJOLAIS

CHINON

ROSÉ

BORDEAUX

El tinto Bordeaux obtiene su más fina expresión y longevidad en lugares como Pauillac, Margaux Saint-Émilion y Pomerol, pero la mayoría de los parisinos gozan más de los vinos jóvenes e informales de Fronsac, Côtes de Castillon y Haut-Medoc acompañados de sus *steak frites y côte de boeuf.*

BROUILLY

El Brouilly, al igual que el Morgon, es uno de los diez *crus* de Beaujolais y es el mejor. Los vinos son Gamays de cuerpo ligero o medio con personalidades tropicales. Pueden servirse ligeramente fríos.

CÔTES-DU-RHÔNE

Côte significa "loma" y las lomas del valle de Rhône alrededor de Châteneuf-du-Pape producen en su mayoría vino tinto, que comprende el irresistible Grenache de cuerpo entero, siendo el Mourvèdre, Syrah y Cinsault los que ocupan el segundo puesto. Pruebe un Côtes-du-Rhônes para acompañar una espaldilla de puerco asada en vino y herbes de Provence. Los vinos blancos florales con sabor a durazno, representan aproximadamente el 10 por ciento de los vinos Côtes-du-Rhône.

BEAUJOLAIS

Con una pequeña cantidad de alcohol para no confundir los sentidos y tan sencillo como para no competir con los platillos complejos, el Beaujolais es el vino depuradísimo de los bistros. Algunos bistros incluso tienen a la mano barricas de este vino 100 por ciento de Gamay Noir para llenar *pichons* (botellas). Los vinos Beaujolais *cru* como el Morgon y el Côte de Brouilly son los más respetables, pero muchas tardes tranquilas de París se pueden gozar en compañía de cualquier botella que esté etiquetada con el nombre "Beaujolais."

CHINON

Chinon es hogar de uno de los vinos más famosos de la Loire. Hecho de Cabernet Franc, el Chinon tiene un aterciopelado sabor a frambuesa y en los años de clima caliente, adquiere suficiente savia y estructura para añejarse durante una década o incluso durante más tiempo.

ROSÉ

Producido principalmente en las tierras llenas de arbustos de la Provenza, este vino ligero está hecho al "prensar" el jugo rosado que se obtiene de la fermentación del vino tinto, embotellándolo por separado. Combina deliciosamente con alimentos sazonados o con especias, como el tapenade o la bouillabaisse.

Los franceses toman muy en serio sus elegantes *pâtisseries*. Se espera que los aspirantes a chefs especializados en pastelería se entrenen durante cinco años antes de recibir un diploma en su especialidad y después sean aprendices de los chefs principales hasta por diez años más antes de poder trabajar por su cuenta.

LA PÂTISSERIE

Podríamos pasar toda una vida probando las galletas y pasteles de París en busca de una lista definitiva de los mejores lugares que nos ofrece la ciudad. Sería una experiencia deliciosa, cargada de calorías, e incluso en su esencia fútil ya que en ningún lugar del mundo existen chefs de pastelería tan talentosos, creativos y prolíferos como en la capital francesa. Es prácticamente imposible decidir cuáles *pâtisseries* recomendar, pero con seguridad se puede recomendar el mejor lugar para probar les *macarons*. Ladurée (8e), abierto en 1862, es reconocido el rey de estas galletas ligeras y crujientes con sabor a almendra. Se venden convertidas en sándwiches con una gran variedad de deliciosos rellenos, incluyendo el de chocolate, pistache, vainilla y la inolvidable frambuesa.

Gaston Lenôtre es el padre de todos los pasteleros, acompañado por un conjunto de chefs en pastelería entrenados por él mismo, viajan al rededor del mundo enseñando, horneando y vendiendo la marca de excelencia de su mentor. Lenôtre tiene tiendas diseminadas por todo París y las cajas de galletas en todas ellas son un gran tesoro de gemas. Pruebe sus versiones de dos postres clásicos, el *gâteau Opéra* de chocolate oscuro y el *concorde* de merengue y chocolate, y entenderá la razón de su éxito fenomenal.

Pierre Hermé (6e) es una leyenda aún joven. Discípulo de Lenôtre, trabajó en Ladurée y Fauchon (página 53) antes de abrir su propia tienda (en Tokio). Le llaman el Picasso de la pastelería por sus innovadoras creaciones además de que la fachada de su tienda parece más un elegante aparador de modista que una *pâtisserie*. Pero todos los pensamientos de alta moda desaparecerán en el momento en que pruebe sus mercancías, en especial sus galletas con sabor a rosas rellenas con crema pastelera de litchi y frambuesas frescas.

Otra estrella de las pastelerías de París es Philippe Conticini, quien hornea en Peltier (7e) que tiene más de cuatro décadas de vida. Su *millefeuille* con fresas y crema pastelera es ligero y sumamente hojaldrado y su gâteau princesse de merengue, almendras, crema de vainilla y nougat es tan delicioso que se puede servir en las celebraciones más elegantes. Los amantes de la pastelería parisina saben que aún queda más por verse del genio Conticini y están observándolo muy de cerca para ver cual es el siguiente invento.

Y, por último, los aficionados locales del *millefeuille* opinan que los ejemplos más finos de la pasión por la pastelería que pueden encontrarse en la ciudad se hacen en Le Moulin de la Vierge (14e y 15e). Y si usted se encuentra en la zona de Ménilmontant, visite la Pâtisserie de l'Église (20e) una bella tienda remodelada del año 1887 que queda en una pequeña *place*. Compre un *pain au chocolat* o una tartaleta de fruta y gócela sentado en la acogedora plaza.

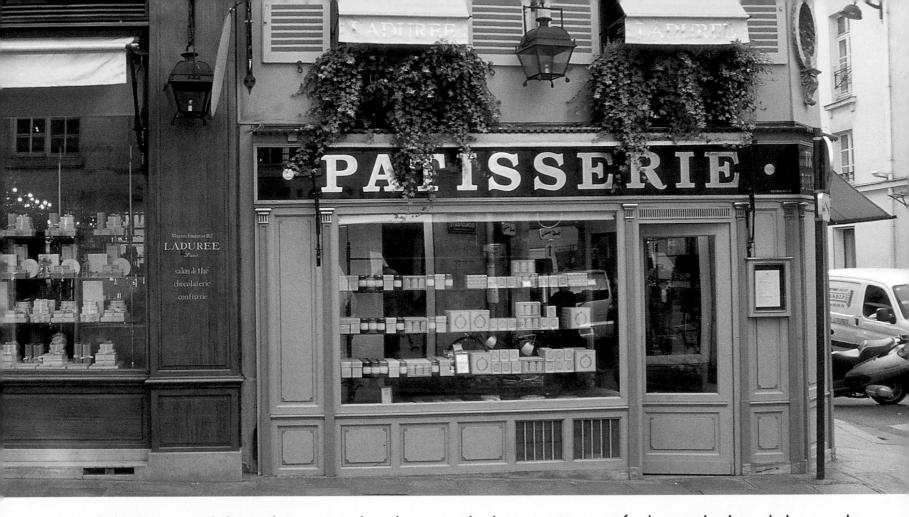

Los *pâtissiers* parisinos han creado algunos de los postres más legendarios del mundo.

CHARLOTTE

TARTE AUX POMMES

MACARON

TARTELETTE AU CITRON

MACARON

Ligeros, crujientes, y divinamente cremosos, los *macaron* (galletas de almendra) son las últimas galletas estilo sándwich. Deliciosa crema, o algunas veces mermelada, se unta entre dos discos chiclosos de merengue. Los *macarons* vienen en una miríada de sabores, pero los más populares son los de chocolate, café, pistache y frambuesa. Antiguamente estas galletas eran la especialidad de un convento en la ciudad de Nancy, pero durante la revolución las monjas se vieron forzadas a dejar su santuario. Dos de ellas abrieron una pastelería y empezaron a vender *macarons*. Aún se puede encontrar en la Rue des Soerus Macaron.

CHARLOTTE

La típica carlota es un elegante pastel con un centro cremoso rodeado de soletas remojadas en licor o esponja de pastel y cubiertas con fruta fresca. El relleno, que es dulce, esponjoso y delicioso, se cuaja con un poco de grenetina. Este postre fresco y ligero toma su forma dentro de un molde de hojalata con lados ligeramente cónicos y dos asas con forma de corazón, aunque también se puede hacer en un molde con lados rectos. Las frambuesas son uno de los ingredientes más comunes de la carlota, pero también las hay de chocolate y actualmente se están haciendo carlotas de frutas tropicales.

TARTELETTE AU CITRON

La simplicidad misma, la *tartalette au citron* (tartaleta de limón) es una corteza pequeña de pasta hecha de mantequilla rellena con natilla de limón. Se cuece azúcar, jugo y ralladura de limón, mantequilla y yemas de huevo hasta que estén cremosas. Se vierte en cortezas pre-horneadas y se deja enfriar. La *tartelette au citron meringuée*, que es más dulce, está cubierta con merengue. La misma natilla de limón se usa en cortezas para tartas más grandes. También hay tartaletas y tartas de naranja y lima, aunque son menos comunes. Otro relleno popular es la natilla de delicioso chocolate espeso y oscuro.

TARTE AUX POMMES

Mientras algunas culturas adoran sus pays de manzana con corteza doble, los franceses son los maestros de la *tarte aux pommes* (tarta de manzana). La tarta de manzana francesa tradicional es muy sencilla: una corteza de pasta hecha de mantequilla se cubre con rebanadas delgadas de manzana que se acomodan en una espiral uniforme o en círculos concéntricos y posteriormente se barniza con un glaseado dulce, que por lo general se hace al derretir y colar mermelada, dando a la tarta una terminación atractiva y brillante. Existen muchas variedades regionales de este postre clásico. En Normandía, en donde gran parte del

RELIGIEUSE

MILLEFEUILLE

OPÉRA

paisaje está cubierto con huertos de manzanas y donde las personas de la localidad apoyan a su propia reina de reinas, la manzana para hornear, algunas veces colocan las manzanas rebanadas sobre una delgada capa de Calvados, o crema pastelera con sabor a almendras. Los *pâtissiers* normandos también cocinan las manzanas para hacer un espeso puré aderezado con vainilla y limón y lo colocan sobre una corteza de pasta esponjosa, coronándolo con una corteza tipo encaje y lo hornean. Quizás la tarta francesa de manzanas más famosa es la *tarte Tatin* de La Loire (página 170), que algunas *pâtissiers* parisinas ofrecen convenientemente en tamaño individual

OPÉRA

Devastadoramente delicioso, el elegante Opéra, que lleva ese nombre por la gran Opéra Garnier de París, es un sueño para los amantes del chocolate. Capas de crema de mantequilla con sabor a café, rebanadas delgadas de pastel remojado en miel y ganache se cubren con un betún de chocolate oscuro. La mayoría de las *pâtisseries* tienen sus propias recetas para el pastel de capas de chocolate, como el tricolor *échiquier* (ajedrez) que combina mousse de chocolate blanco, chocolate de leche y chocolate oscuro así como sus versiones más ligeras hechas en capas con crema de avellanas (filbert), merengue crujiente o suave nougat.

RELIGIEUSE

El *religieuse*, llamado así por su parecido al hábito de una monja, es un pastel esponjoso relleno con crema pastelera de chocolate o de café y cubierto por glaseado. Al igual que su pariente, el éclair, el *religieuse* está hecho de masa batida esponjada con aire. Para el *religieuse*, se pone una pequeña bolita sobre una más grande y se unen al decorarlo con listones de crema de mantequilla. Otros postres de crema incluyen el *croquembouche*, que está cubierto de azúcar caramelizada y los profiteroles, que por lo general se rellenan con helado y se bañan con salsa de chocolate caliente.

MILLEFEUILLE

Capas de pasta hojaldrada se colocan una encima de otra uniéndolas con natilla de vainilla para hacer el *millefeuille* rectangular, una creación en capas que se derrite en su boca. Llamado así debido a que parece estar hecho de "miles de hojas" de pasta hojaldrada, el *millefeuille* es conocido fuera de Francia con el nombre de Napoleón y puede estar relleno de cualquier ingrediente, desde mousse de chocolate hasta fresas y crema batida. La cubierta también se puede cubrir con caramelo o espolvorear con azúcar glass. El bello y apetitoso *millefeuille* es toda una hazaña por ser al mismo tiempo ligero como una pluma y divinamente rico.

El chocolate se introdujo en la corte francesa en 1615, cuando Louis XIII se casó con una española. Pero varias décadas pasarían antes de que Francia pudiera proclamar el primer rey adicto al chocolate nacido en Francia: Louis XIV, de quien se dice bebía chocolate caliente tres veces a la semana en Versalles.

LE CHOCOLAT

Algunos de los establecimientos más elegantes de venta al menudeo en París son las *chocolateries* (tiendas de chocolate). A lo largo del día verá tanto a jóvenes como a ancianos, ricos y gente trabajadora, todos ellos clientes habituales, saliendo de las tiendas con pequeños bultos de deliciosas trufas espolvoreadas con cocoa, *palets* cremosos y *barquettes* rellenos de fruta.

El chocolate llegó a Francia con los reposteros judíos que venían huyendo de la Inquisición de la Península Ibérica. Empezaron a operar en la región de Bayona pero el nuevo producto no fue bien recibido en un principio. El lugar que ocupa el chocolate como cotizado ingrediente francés fue adquirido hasta después de que dos reyes, Louis XIII y Louis XIV, se casaran con infantas españolas, que sirvieron chocolate en la corte.

En la actualidad, Francia produce gran parte del chocolate más fino del mundo, tanto para hacer exquisitos bombones como para transformarlo en elaborados postres, y una deliciosa caja de chocolates se considera el regalo perfecto. Todas las *grandes épiceries*, Hédiard, Fauchon, Le Bon Marché, y algunas *pâtisseries* venden chocolates, pero muchos parisinos prefieren ir a una tienda dedicada a dichos placeres, haciendo de esta visita un gozo por sí mismo.

Las tiendas de chocolates de Jean-Paul Hévin (6e y 7e) con sus exhibiciones austeras pero irresistibles, parecen modernas boutiques de joyas. Sus *palets amers*, que son pequeños cuadros de chocolate amargo, son particularmente deliciosos al igual que sus ganaches con esencia de té.

Debauve & Gallais (7e) ha operado en la misma ubicación desde 1800, cuando un boticario y su sobrino despachaban tanto medicinas como chocolates. Hoy en día, las medicinas desaparecieron, pero aún puede encontrar chocolates de la mejor calidad enrollados, torneados y prensados convertidos en trufas, pralines y *palets*.

À l'Étoile d'Or (9e) es una pequeña *chocolaterie* administrada por Denise Acabo, una mujer llena de pasión y energía. Cada chocolate tiene su propia historia y su propio sabor, y, si Acabo no está ocupada lo llevará a dar un recorrido por su boutique, la cual almacena artículos de las *chocolatiers* regionales más finas de Francia.

La Maison du Chocolat, que tiene varias sucursales, es difícil de describir ya que ofrece demasiados tipos de chocolates, todo un mar de posibilidades, cada uno elegante y refinado. Robert Linxe, el dueño de esta tienda, constantemente crea bocados exquisitos usando el chocolate más oscuro, delicioso y aromático, especias asiáticas, frutas frescas e infusiones de hierbas.

Los *Chocolatiers* pueden agregar ingredientes inesperados como té, jengibre y pimienta a sus creaciones.

POUDRE DE CACAO

CHOCOLAT NOIR AUX NOISETTES

CHOCOLAT AU LAIT

POUDRE DE CACAO

El denso y delicioso *poudre de cacao* (cocoa en polvo) se hace al moler finamente los granos comprimidos de cacao después de haber sido retirada la mayor parte de la manteca. Viene en dos presentaciones: dulce y sin endulzar. La mayoría de cafés franceses usan el polvo endulzado para hacer chocolate caliente, mientras que el polvo sin edulcorante lo usan para cubrir trufas y decorar pasteles. Aunque los chocolates calientes más deliciosos de París, como las excelentes tazas que se sirven en La Maison du Chocolat (página 66), se hacen con trozos de chocolate derretido, por lo general incluyen un toque de cocoa en polvo para equilibrar el sabor y la textura. Los supermercados venden cocoa instantánea dulce en polvo, como la deliciosa cocoa de la marca Poulain 1848, para hacer chocolate caliente en casa.

CHOCOLAT NOIR AUX NOISETTES

La mayoría de los franceses piensan que comer una pequeña cantidad de chocolate oscuro, *chocolat noir*, cada semana es bueno para la salud. El chocolate oscuro contiene por lo menos 55 por ciento de cacao, además de manteca de cacao y azúcar; entre más alto sea el porcentaje de cacao, el chocolate será más amargo. Muchas veces al chocolate oscuro se le agregan nueces tostadas o frutas secas, especialmente durante la época de Navidad. Los chocolates conocidos como *mendiants*, vienen en tablillas grandes (rotas en trozos disparejos y se venden por peso), en barras o en discos del tamaño de la palma de la mano. La nuez más usada para hacer los *mendiants* es la *noisette*, (avellana/filbert) que por lo general se usa entera.

CHOCOLAT AU LAIT

El chocolate de leche, o *chocolat au lait*, es una mezcla dulce hecha de cacao, manteca de cacao, leche en polvo y azúcar. La mayoría del chocolate de leche fabricado en masa es empalagoso, pero una barra bien hecha es cremosa, suave y delicada. El chocolate de leche fue inventado en 1875 en Suiza por Daniel Meter y Henri Nestlé, que mezclaron la leche en polvo recién inventada por Henri Nestle con chocolate. La cantidad de cacao varía, pero por lo general no lleva más del 45 por ciento. Aunque el chocolate de leche a menudo se rellena con caramelo o pasitas y nueces, las barras simples son la golosina clásica para los niños franceses, a quienes les gusta comerlo como si fuera un sándwich dentro de una baguette recién hecha.

TRUFFES AU CHOCOLAT

GÂTEAU DE MOUSSE AU CHOCOLAT

BONBONS DE CHOCOLAT

TRUFFES AU CHOCOLAT

Las *truffes au chocolat*, (trufas de chocolate), llamadas así porque se parecen a los hongos naturales del mismo nombre, son delicadas bolas de chocolate cremoso espolvoreadas con cocoa en polvo. La receta tradicional es sencilla: al ganache, una mezcla de chocolate oscuro y crema, se le da la forma de una bola, se sumerge en una ligera capa de chocolate y se espolvorea con cocoa. Las *chocolatiers* parisinas algunas veces ofrecen versiones más exóticas como las trufas de chocolate de leche espolvoreadas con coco tostado o trufas de chocolate oscuro con ron y pasas. Para terminar cualquier comida y darle un toque delicioso, sirva tazas de expresso y acompáñelo con trufas.

GÂTEAU DE MOUSSE AU CHOCOLAT

La mayoría de los parisinos, en vez de hornear en casa, se detienen en la *boulangerie*, *pâtisserie* o *chocolaterie* cuando se les antoja un pastel. El *gâteau de mousse au chocolat (pastel de mousse de chocolate)*, hecho de capas de mousse de chocolate y pastel remojado en miel de azúcar, es un pastel clásico. La superficie se cubre con un glaçage perfectamente uniforme (icing) hecho de chocolate, crema y mantequilla. Otras versiones de este delicioso pastel agregan café o mousse de caramelo, avellanas picadas (filberts), capas crujientes de nougat o láminas de chocolate. Si desea un pastel más sencillo, busque un *gâteau au chocolat*, un pastel rico en huevos que no contiene harina, con centro húmedo y sin betún.

BONBONS DE CHOCOLAT

Los *chocolatiers* franceses son grandes maestros al crear delicados y elegantes bombones y las tiendas de chocolate son templos de su arte. La mayoría de estos dulces de chocolates están rellenos de ganache, una mezcla de chocolate y crema a la que se le puede agregar sabor con cualquier cosa, desde ralladura cítrica caramelizada o coco hasta ingredientes tan poco comunes como queso Roquefort, té verde o pimienta negra. El bombón clásico es cuadrado, por lo general con finas líneas paralelas o espolvoreado con cocoa en su superficie. Las versiones remojadas a mano son las preferidas, ya que una delgada cobertura no disminuye el sabor del ganache de su interior. Se venden en cajas altas y rectangulares, llamadas *ballotins*, losbombones franceses son caros, pero merecen serlo.

LES HORS-D'OEUVRE

Los hors d´oeuvres, que a menudo se disfrutan con un aperitivo, deben ser

bocadillos justo los suficientes para estimular el apetito y amenizar la conversación.

Ordene un aperitivo antes de una comida en París y a menudo le servirán automáticamente algunos hors d´oeuvres: delgadas rebanadas de salami, nueces saladas tostadas, pequeños cuadros de un quiche sazonado, paté untado sobre pequeñas tostadas de pan, galletas de queso quebradizo. Estos pequeños bocadillos, tan simples como algunas aceitunas Niçoise o verduras crudas o tan complejos como tartaletas de hongos o foie gras frito, deben ser justo los suficientes para estimular el apetito pero no para satisfacerlo. A medida que se toman las bebidas y se comen los hors d´oeuvres, se desarrolla la conversación y se inicia una convivencia natural que inevitablemente caracteriza cada comida auténticamente parisina.

PÂTÉ AUX HERBES
Paté a las Hierbas

Los patés datan de la época medieval, cuando se definían más bien como una mezcla de carne, pescado o pollo dentro de una cubierta de pasta, por lo general servidos calientes. Hoy en día, los parisinos y el resto del mundo usan el término pâté más formalmente llamado una terrina, básicamente para designar el paté de la antigüedad sin la pasta y horneado dentro de un molde con forma de barra, también llamado terrina. En Francia, los cocineros por lo general cubren la terrina con una capa ligera y delicada de grasa de panza de puerco, o tocino curado en sal o sin curar, o poitrine (panza de puerco). Si sólo encuentra tocino ahumado, blanquéelo durante 2 minutos antes de usarlo.

1 manojo grande de espinaca, aproximadamente 375 g (¾ lb), sin tallos

3 cucharadas de mantequilla sin sal

1 cebolla amarilla o blanca grande, picada

2 dientes de ajo, picados

Sal y pimienta recién molida

11 ó 12 rebanadas de tocino magro, aproximadamente 315 g (⅔ lb) en total, de preferencia sin ahumar (vea Nota)

500 g (1 lb) de hígados de pollo

500 g (1 lb) de espaldilla de puerco sin hueso, cortada en cubos de 4 cm (1½ in)

2 huevos

2 cucharadas de crema espesa (doble)

¼ taza (60 ml/2 fl oz) de Cognac (página 185)

1 ó 2 cucharaditas de tomillo seco

1 cucharada de estragón fresco picado

3 cucharadas de perejil fresco liso (italiano) picado y la misma cantidad de albahaca

1 cucharadita de romero fresco picado
Una pizca de

quatre épices (página 187)

3 cucharadas de harina de trigo (simple)

2 ó 3 hojas de laurel

Hojas de lechuga francesa, pepinillos y cebollitas en vinagre

Rinde de 6 a 8 porciones

1 Precaliente el horno a 180°C (350°F). Hierva una olla con tres cuartas partes de agua a temperatura alta. Agregue la espinaca y cocine cerca de 3 minutos, hasta suavizar. Escurra la espinaca y, cuando esté lo suficientemente fría para poder manejarla, exprima para secar. Pique grueso y reserve.

2 En una sartén para freír sobre calor medio-alto, derrita la mantequilla. Agregue la cebolla y el ajo, sazone generosamente con sal y pimienta y saltee de 6 a 8 minutos, hasta que la cebolla esté ligeramente dorada y esté suave. Retire del calor y deje enfriar.

3 Pique 3 de las rebanadas de tocino en trozos pequeños. Corte las partes descoloridas y las articulaciones de los hígados de pollo. En un procesador de alimentos, mezcle el tocino picado, hígados de pollo, puerco y mezcla de cebolla y procese para formar un puré grueso. Pase la mezcla a un tazón grande. Agregue la espinaca, huevos, crema, Cognac, tomillo, estragón, perejil, albahaca, romero, *quatre épices*, harina, ½ cucharadita de sal y ¼ cucharadita de pimienta y mezcle para integrar.

4 Cubra un molde de barra de 23 x 13 x 7.5 cm (9 x 5 x 3 in), de preferencia antiadherente, con las demás rebanadas de tocino, dejando que las puntas caigan sobre los lados. Pase la mezcla de carne al molde, presionándola firmemente y cubra con las hojas de laurel, acomodándolas en el centro. Doble las rebanadas de tocino que quedaron colgando sobre la superficie. Cubra el molde con papel aluminio, doblando los lados y presionándolos firmemente sobre los lados del molde para sellar.

5 Coloque el molde de barra dentro de un refractario y vierta agua caliente en el refractario hasta llegar a cubrir tres cuartas partes de altura de los lados del molde de barra. Hornee aproximadamente 2 horas, hasta que un termómetro de lectura instantánea insertado en el centro de la barra registre los 63°C (145°F). Las orillas se habrán separado de los lados del molde y el paté estará cubierto por la grasa derretida.

6 Retire el molde de barra del baño María y coloque sobre una charola de hornear con borde o alguna otra superficie térmica con borde; no retire el papel aluminio. Coloque algo pesado sobre el paté, ya sea una tabla con un ladrillo sobre de ella, o un molde de barra más pequeño con un par de latas pesadas. Envuelva una toalla alrededor del exterior del molde para absorber cualquier exceso de grasa que pueda desbordarse por los lados. Deje enfriar a temperatura ambiente.

7 Retire el peso y refrigere el paté por lo menos durante 8 horas o durante toda la noche antes de servirlo, para permitir que los sabores se suavicen. El paté se mantendrá fresco, durante aproximadamente 3 días si se cubre y refrigera. Para retirarlo del molde, inserte un cuchillo a lo largo de las orillas del paté para desprenderlo. Caliente suavemente la base del molde en un poco de agua caliente durante unos segundos, coloque un plato invertido en la superficie e invierta el plato junto con el molde. Levante el molde. Para servir, corte el paté en rebanadas de 2 a 2.5 cm (¾ a 1 in) de grueso y acomode sobre un platón o platos individuales cubiertos con hojas de lechuga. Acompañe con los pepinillos y las cebollitas en vinagre.

Sirva con un Beaujolais ligero o con un vino de cuerpo medio como el Brouilly o un vino tinto especiado de la Loire como el Chinon.

MOULES FARCIES GRATINÉES

Mejillones con Mantequilla Verde al Ajo

Prácticamente todos los mejillones disponibles comercialmente son cultivados. De cualquier manera, la producción francesa de moules es insuficiente para satisfacer la demanda, por lo que las tiendas también venden mejillones importados de otros países, anunciando por lo general su origen. Los mejillones franceses se cultivan a lo largo de la costa del Atlántico, al sur de Bretaña y en el Mediterráneo, cerca de Marsella. Se usa un método antiguo: se clavan palos de roble en la arena de las aguas costeras poco profundas y los mejillones se adhieren por sí mismos a los palos en una forma natural, en donde crecen hasta madurar. En esta receta, la mantequilla de ajo verde, similar a la que sazona los caracoles, perfuma a los moluscos.

1 En un tazón grande, mezcle 4 tazas (1 l/32 fl oz) de agua con 3 cucharadas de sal y mezcle para disolver la sal. Agregue los mejillones y deje reposar por 1 hora aproximadamente para limpiar la arena de los mejillones, escurra bien. Coloque los mejillones en un tazón limpio y refrigere, sin tapar, hasta por 1 día.

2 Precaliente el horno a 190°C (375°F). Acomode los mejillones en una sola capa dentro de un refractario poco profundo, desechando aquellos que no se cierren al tacto y agregue los chalotes y el vino. Tape el refractario con papel aluminio y hornee aproximadamente 10 minutos, justo hasta que se abran las conchas. Retire los mejillones del horno y deje enfriar en el refractario. Retire los mejillones del vino, desechando los que no se hayan abierto y deseche el vino (o cuélelo a través de un colador de malla fina y resérvelo para agregarlo a una sopa de pescado o a algún cocido). Eleve la temperatura del horno a 200°C (44°F).

3 Mientras tanto, en un procesador de alimentos, muela los trozos de pan hasta que se hagan migas gruesas. Separe 1 taza (60 g/2 oz) y reserve; guarde el resto para otro uso.

4 Para hacer la mantequilla al ajo verde, muela en el procesador de alimentos el ajo hasta hacerlo puré. Agregue el perejil y revuelva hasta que se forme una mezcla finamente picada. Corte la mantequilla en 3 ó 4 trozos y agréguelos a la mezcla de perejil junto con las cebollitas de cambray, estragón y pastis. Mezcle hasta integrar. Agregue el aceite de oliva, jugo de limón y suficiente crema para crear una mezcla suave y esponjosa. Sazone al gusto con sal y pimienta.

5 Trabajando con 1 mejillón a la vez, jale y deseche la concha superior y pase un pequeño cuchillo filoso alrededor de la carne del mejillón para desprenderla de la concha inferior. Coloque los mejillones, aún en sus conchas inferiores, en una sola capa dentro del refractario. Bañe cada mejillón con una cantidad uniforme de mantequilla al ajo verde y espolvoree generosamente con migas de pan sobre ellos.

6 Vuelva a colocar los mejillones en el horno y cocine de 8 a 10 minutos, hasta que lassuperficies estén hirviendo, la mantequilla se haya derretido y esté aromática y las migas estén crujientes.

7 Pase a un platón y sirva de inmediato, acompañando con las rebanadas de limón.

Sirva con un vino blanco vigoroso, bien frío como el Muscadet o el Sancerre.

Sal

1.5 kg (3 lb) de mejillones, bien tallados y sin barbas

2 chalotes, picados

2 tazas (500 ml/16 fl oz) de vino blanco seco

3 ó 4 rebanadas de pan crujiente del día anterior, en trozos grandes

PARA LA MANTEQUILLA AL AJO VERDE

5 dientes de ajo, picados

1 manojo de perejil fresco liso (italiano) aproximadamente 185 g (6 oz)

½ taza (125 g/4 oz) de mantequilla sin sal, a temperatura ambiente

2 cebollitas de cambray, únicamente su parte blanca y verde claro, finamente rebanadas

2 cucharadas de estragón fresco picado toscamente

2 cucharadas de pastis o licor de anís

2 cucharadas de aceite de oliva extra virgen

Jugo de ½ limón, o al gusto

1 ó 2 cucharadas de crema espesa (doble)

Sal y pimienta recién molida

Rebanadas de limón para acompañar

Rinde 6 porciones

LES CRUDITÉS
Plato de Verduras Frías

Casi todos los bistros parisinos tradicionales incluyen una gran variedad de verduras crudas o ligeramente cocidas, preparadas como parte de sus platillos diarios. El platillo perfecto para un plait du tour de coq au vin o steak frites. Algunos establecimientos presentan la lista de las ensaladas sobre un pizarrón o en un menú hecho en mimeógrafo, otros las presentan en una pequeña mesa lateral e incluso otras las ponen sobre un carrito que llevan a los clientes, quienes elíjen lo que se les antoja más. Entre los platillos que se presentan se encuentran las preparaciones más sencillas; usted puede escoger una sola, el cêleri-rave rémoulade (rémoulade de apio papa) a menudo se sirve solo o con algún platillo.

PARA EL RÉMOULADE DE APIO PAPA

1 cepa de apio o apio papa (celeriac), de aproximadamente 375 g (¾ lb), sin piel

1 cucharadita de jugo de limón fresco

¼ taza (60 ml/2 fl oz) de mayonesa

1 cucharadita de mostaza Dijon

1 cucharadita de estragón fresco picado

Sal y pimienta recién molida

PARA LA VINAGRETA

⅓ taza (80 ml/3 fl oz) de vinagre de vino blanco

2 dientes de ajo, finamente picados

¼ cucharadita de azúcar

Sal y pimienta recién molida

2 cucharaditas de mostaza Dijon

½ taza (125 ml/4 fl oz) de aceite de oliva

500 g (1 lb) de betabeles

½ cebolla amarilla o blanca, finamente picada

1 cucharada de eneldo fresco picado

375 g (¾ lb) de diminutas papas cambray

3 cucharadas de cebollín fresco picado

500 g (1 lb) de jitomates firmes pero maduros

1 cucharadita de perejil fresco liso (italiano) finamente picado

250 g (½ lb) de zanahorias, sin pield

Rinde de 6 a 8 porciones

1 Para hacer el rémoulade de apio papa, usando los orificios más grandes de un rallador-desmenuzador, ralle la cepa de apio. Pásela a un tazón e inmediatamente mezcle con el jugo de limón para evitar que se decolore. En un tazón pequeño bata la mayonesa, mostaza y estragón; sazone al gusto con sal y pimienta. Agregue la mezcla de mayonesa a la cepa de apio y mezcle. Cubra y refrigere hasta el momento de servir.

2 Para hacer la vinagreta, bata en un tazón el vinagre con el ajo, azúcar y ½ cucharadita de sal, hasta que el azúcar y la sal se disuelvan. Integre la mostaza. Incorpore lentamente el aceite, batiendo constantemente. Sazone al gusto con pimienta, pruebe y rectifique la sazón.

3 Precaliente el horno a 190°C (375°F). Si los betabeles aún tienen sus frondas, córtelas, dejando aproximadamente 2.5 cm (1 in) de tallo. Coloque los betabeles en un refractario lo suficientemente grande para poder acomodarlos sin apretar, vierta agua hasta una profundidad de aproximadamente 12 mm (½ in) y tape el refractario con papel aluminio. Coloque en el horno y cocine los betabeles cerca de 1 hora, hasta que se sientan suaves al insertarles un tenedor. Retire del horno y, cuando estén lo suficientemente fríos para poder tocarlos, retire la piel. (Los betabeles pueden cocerse con un día de anticipación; tapar y refrigerar hasta el momento que se necesiten). Parta los betabeles en dados y páselos a un tazón. Agregue la cebolla y el eneldo; mezcle. Vierta aproximadamente 3 ½ cucharadas de la vinagreta sobre los betabeles y mezcle para cubrir uniformemente.

4 Mientras tanto, mezcle en una olla las papas, una generosa pizca de sal y agua para cubrirlas por 5 cm (2 in). Hierva a temperatura media-alta, reduzca la temperatura a media y cocine, sin tapar, cerca de 10 minutos, hasta que las papas se sientan suaves al picarlas con un tenedor. Escurra y sumerja inmediatamente en un tazón con agua con hielo para enfriar. Escurra una vez más y, usando sus dedos y un cuchillo mondador, pele las papas; no se preocupe si quedan pequeños trozos de piel. Coloque las papas y el cebollín en un tazón. Agregue aproximadamente 4 cucharadas de la vinagreta y mezcle para cubrir uniformemente.

5 Corte los jitomates en rebanadas o cuñas y coloque en un tazón con el perejil. Agregue aproximadamente 1½ cucharada de la vinagreta y mezcle con cuidado para cubrir uniformemente.

6 Usando los orificios más grandes de un rallador-desmenuzador, ralle las zanahorias sobre un tazón. Agregue aproximadamente 2 cucharadas de la vinagreta y mezcle para cubrir uniformemente.

7 Para servir, pruebe cada ensalada y sazone. Acomode las papas, jitomates y zanahorias en pilas separadas sobre un platón grande. Acompañe con tazones con el rémoulade de apio papa y los betabeles.

Sirva con un vino blanco seco como un Sauvignon Blanc de Touraine o un blanco Côtes-du-Rhône.

CROUSTILLANTS

Galletas de Queso

Estas galletas se sirven típicamente en los hogares, bares de vino o restaurantes parisinos. Se hacen con queso Comté, también conocido como Gruyère de Comté, un delicioso queso de leche de vaca producido en Jura, una zona montañosa que está en la frontera con Suiza. El Gruyère data de la Edad Media, y hoy en día los cocineros parisinos se basan en él para hacer quiches o gourgères (croquetas de queso), además de estas crujientes galletas. Esta receta también lleva queso Parmesano, que los franceses han tomado prestado de los italianos, sus vecinos del sur, el cual ha sido usado en la cocina francesa por más de un siglo.

1 En un procesador de alimentos, mezcle el queso Comté, Parmesano, mantequilla, harina y pimienta de cayena. Mezcle de 40 a 60 segundos, hasta integrar y obtener una consistencia de migas.

2 Pase la mezcla a un trozo de plástico adherente y déle forma de barra de aproximadamente 5 cm (2 in) de diámetro y entre 15 y 18 cm (6–7 in) de largo. Envuelva la barra con el plástico adherente, presionándolo ligeramente a medida que lo enrolle para obtener una barra uniforme y lisa. Refrigere durante 1 hora por lo menos o durante toda la noche.

3 Precaliente el horno a 180°C (350°F). Desenvuelva la masa y rebánela en círculos de aproximadamente 6 mm (¼ in). Acomode sobre 2 charolas de horno sin engrasar, de preferencia antiadherentes, dejando una separación de 5 cm (2 in) entre ellos. Espolvoree uniformemente con el cebollín y con 1 cucharadita de sal aproximadamente.

4 Hornee las galletas, 1 charola cada vez, de 10 a 15 minutos, hasta que estén ligeramente doradas, rotando la charola a la mitad del tiempo para asegurar un horneado uniforme. Si desea galletas más crujientes hornee 3 minutos más, pero no deje que las orillas se doren demasiado pues les dará un sabor amargo.

5 Retire del horno, pase a un platón o a platos individuales y sirva de inmediato.

Sirva con un vino tinto ligero y especiado como el Burgundy, Chinon o Morgon o con un kir (página 41).

2 tazas (250 g/8 oz) de queso
Comté o Gruyère rallado

½ taza (60 g/2 oz) de queso
Parmesano rallado

6 cucharadas (90 g/3 oz) de
mantequilla sin sal

1 taza (155 g/5 oz) de harina de
trigo (simple)

Una pizca de pimienta de cayena

2 ó 3 cucharadas de cebollín
fresco picado

Sal gruesa de mar

Rinde de 24 a 28 galletas o 6
porciones

Bares de Vino

Es un bar de vino o un café? Quizás no sea fácil distinguirlo desde el exterior, ya que a menudo ambos son lugares modestos de la zona con fachadas que no dejan ver con claridad que tipo de licores se sirven dentro. Sin embargo, existe una diferencia importante: los *bistros à vin* (bares de vino) sirven vinos excelentes, ya sea por copa, garrafa o botella, mientras que el vino que se sirve en cafés es más bien es un vino sin marca. La mayoría de los bares de vino tienen cerca de una docena de vinos o hasta cuatro veces ese número, por lo que usted puede beber haciendo un recorrido por toda Francia en una sola parada. Algunos bares de vino también sirven alimentos, desde platos sencillos hasta platillos más típicos de un bistro.

Jacques Mélac (11e) es un depuradísimo bar de vino parisino. De hecho, se podría considerar como el modelo de lo que debería ser un bar de vino, y Jacques en persona podría ser el dueño modelo. Con su gran bigote y su entusiasmo sin par, M. Mélac parece salido de un "casting". Incluso él ha sembrado un pequeño viñedo junto al bar que cosecha cada otoño.

Willi's Wine Bar (1e), Le Tambour (2e) y La Tartine (4e) son otros bares de vino excelentes que no se debe perder.

FOIE GRAS SAUTÉ AUX POMMES

Foie Gras Salteado con Manzanas

Este es un platillo sencillo y sensacional, una versión actualizada de un platillo clásico que lleva un poco de ralladura de limón la cual realza el sabor de la manzana y el foie gras. El paltillo también lleva vinagre de Orleáns, un favorito de los chefs parisinos por su calidad superior. En la Edad Media gran parte del vino destinado a Paris era entregado en el puerto del Valle de la Loire y después embarcado hacia la capital. Debido a la lenta travesía río arriba y a las malas instalaciones para almacenarlo una vez que llegaba el cargamento, el vino por lo regular se convertía en vinagre antes de que lo pudieran enviar a Paris. Esto dio impulso a una gran industria de vinagre en Orleáns que floreció durante varios siglos.

315 g (10 oz) de foie gras fresco de ganso o pato (página 186)

2 manzanas Golden Delicious, sin piel, partidas a la mitad, sin corazón y cortadas en dados de 6 mm (¼ in)

Jugo de ½ limón

2 cucharadas de mantequilla sin sal

1 ó 2 cucharaditas de azúcar

Harina de trigo (simple) para espolvorear

1 taza (250 ml/8 fl oz) de jugo de manzana

3½ cucharadas de vinagre de sidra suave de manzana o vinagre de vino blanco, de preferencia *vinaigre d´Orléan* (vea Nota)

Una pizca pequeña de canela molida

Ralladura de 1½ limón (opcional)

Rinde 6 porciones

1 Retire cuidadosamente cualquier trozo de membrana que haya quedado sobre el foie gras. Jale suavemente los lóbulos para separarlos. Si no se separan fácilmente, use un cuchillo para cortar las venas que los mantienen unidos. Examine el área dentro de los dobleces; si ve bilis verde, retírela con un cuchillo. (Este paso es muy importante, ya que si queda una pizca de bilis puede hacer que todo el hígado sepa amargo).

2 Toque suavemente dentro de uno de los lóbulos con la punta de su dedo. Cuando encuentre la vena grande, cuidadosamente jálela, siguiéndola con la punta de sus dedos. Quizás la vena tenga algunas ramificaciones que vayan en varias direcciones, trate de retirarlas en su totalidad. Repita la operación con el segundo lóbulo.

3 Usando un cuchillo grande y filoso, corte cada lóbulo a lo ancho en rebanadas de aproximadamente 6 mm (¼ in) de grueso. Envuelva las rebanadas en plástico adherente y refrigere toda la noche.

4 Justo antes de que esté listo para empezar a cocinar, mezcle en un tazón las manzanas con el jugo de limón, cubriéndolas por completo.

5 En una sartén grande para saltear sobre calor medio alto, derrita la mantequilla. Agregue las manzanas y saltee de 2 a 3 minutos, espolvoreándolas con el azúcar, hasta que estén suaves. Pase a un tazón y deje reposar. Reserve la sartén.

6 Coloque la harina en un tazón poco profundo. Retire el foie gras del refrigerador y, trabajando con rapidez, cubra las rebanadas de foie gras con la harina, cubriéndolas generosamente y presionando la harina para que se adhiera. Vuelva a poner la sartén para saltear sobre calor medio-alto y deje sobre el fuego hasta que esté caliente. Trabajando en tandas si fuera necesario para evitar que queden demasiado apretadas, coloque las rebanadas de foie gras en la sartén caliente y selle de 30 a 40 segundos, sin quitarles la vista, sólo hasta que estén doradas y se haya formado una corteza en su lado inferior. Voltee las rebanadas de foie gras y cocine sobre el segundo lado de 30 a 45 segundos más, hasta que se doren. Pase a un platón y tape holgadamente con papel aluminio para mantener caliente.

7 Enjuague la sartén para saltear y vuelva a colocar sobre calor alto. Agregue el jugo de manzana a la sartén, hierva y cocine de 7 a 8 minutos, hasta que el líquido se reduzca a 6 cucharadas aproximadamente (90 ml/3 fl oz). Añada el vinagre y la canela y cocine de 1 a 2 minutos, hasta que se reduzca y se convierta en una salsa agri-dulce.

8 Retire la sartén del calor, agregue las manzanas y mezcle para cubrir con la salsa. Coloque el foie gras caliente sobre platos individuales precalentados y cubra con las manzanas y la salsa, sobre el foie gras y alrededor de él. Reparta la ralladura de limón, si la usa, sobre la salsa y sirva de inmediato.

Sirva con Sauternes o un vino blanco dulce de cuerpo entero, como el Gewürztraminer de Alsacia.

TARTELETTES AUX CHAMPIGNONS

Tartaletas de Champiñones

Los parisinos adoran los hongos silvestres y visitan los mercados de la ciudad en primavera buscando los hongos cema con sabor natural (página 186), o desde mediados de verano hasta el otoño para comprar hongos cema, también conocidos como hongos porcini. Otros hongos favoritos incluyen el sabor delicado del girolle (chanterelle); el suave mousseron, con forma de campana (ninfas); y los más grandes y asertivos pied bleu (pie azul). A pesar de la gran tentación de los hongos silvestres, los cocineros parisinos no han olvidado el champignon de Paris, el familiar hongo blanco doméstico que al inicio fue cultivado durante la época de Napoleón en una zona de cantera en el décimo quinto arrondissement y actualmente cultivados en el Valle de la Loire.

1 En un tazón pequeño, mezcle los hongos cema con las morillas y el caldo caliente. Tape y deje remojar de 30 a 60 minutos. Escurra los hongos a través de un colador cubierto con manta de cielo (muselina), presionando contra los hongos para exprimir el caldo y reservarlo. Pique toscamente los hongos y reserve.

2 En una sartén grande, gruesa y antiadherente para freír sobre calor medio, derrita 2 cucharadas de mantequilla. Agregue los chalotes y el ajo y saltee de 1 a 2 minutos, hasta que estén ligeramente suaves. Trabajando en 2 tandas, agregue la mezcla de hongos secos y los hongos blancos. Eleve la temperatura y saltee de 3 a 5 minutos por tanda, hasta dorar, agregando un poco más de mantequilla si empiezan a pegarse. Vuelva a poner todos los hongos salteados en la sartén, agregue los hongos prehidratados y saltee aproximadamente 2 minutos, hasta que se mezclen. Pase a un tazón y reserve.

3 En la misma sartén sobre calor medio, derrita 1 cucharada de mantequilla. Integre la harina espolvoreándola y cocine de 1 a 2 minutos, batiendo la mezcla, hasta que esté ligeramente dorada. Incorpore el líquido de remojo reservado. Cocine, de 1 a 2 minutos, moviendo, hasta que la mezcla espese. Agregue la crema, batiendo la mezcla. Incorpore los hongos y sazone con la pimienta de cayena, nuez moscada y sal al gusto. Continúe cocinando, moviendo, de 2 a 3 minutos, hasta que la mezcla se incorpore por completo y prácticamente no quede líquido. Pase a un tazón y reserve.

4 Enjuague la sartén y vuelva a ponerla sobre calor medio. Agregue la cucharada restante de mantequilla y el jamón y cocine, moviendo, durante 1 minuto. Agregue el Oporto, eleve la temperatura a media-alta y hierva. Cocine de 3 a 4 minutos, hasta que el líquido se reduzca y haga un glaseado (aproximadamente 1 cucharada). Vierta sobre la mezcla de hongos, tape y refrigere, hasta que esté frío, por lo menos durante 2 horas o durante toda la noche.

5 Precaliente el horno a 200°C (400°F). Engrase ligeramente con mantequilla cuatro moldes para tartaleta de 10 cm (4 in), de preferencia con bases desmontables. Sobre una superficie ligeramente enharinada, extienda dos tercios de la pasta de hojaldre para formar un cuadrado de 30 cm (12 in) y cerca de 3 mm (⅛ in) de grueso. Usando un círculo de cartulina de 15 cm (6 in) y un pequeño cuchillo filoso, corte 4 círculos. Coloque cada círculo dentro de uno de los moldes preparados, presionándolo firmemente sobre la base y los lados y dejando que cuelgue aproximadamente 6 mm (¼ in). Coloque la mezcla de hongos sobre las cortezas de pasta, dividiéndola uniformemente y poniendo un poco más en el centro.

6 Extienda la pasta restante formando un cuadrado de 25 cm (10 in) y aproximadamente 3 mm (⅛ in) de grueso. Usando un círculo de cartulina de 13 cm (5 in) y el cuchillo, corte 4 círculos. Coloque cada círculo cuidadosamente sobre cada una de las tartaletas rellenas. Doble la masa que cuelga de la base y enróllela sobre el círculo superior, presionando la masa con sus dedos para sellarla. Corte algunos orificios en la corteza superior. Usando una brocha de pasta, barnice la corteza superior de cada tartaleta con la mezcla de huevo y leche.

7 Hornee las tartaletas de 20 a 30 minutos, hasta que las superficies estén ligeramente doradas. Pase a una rejilla de alambre y deje enfriar durante unos minutos. Si usa moldes con base desmontable, deje que los lados se separen y resbale las tartaletas sobre los platos. Sirva calientes, tibias o a temperatura ambiente.

Sirva con un tinto Burgundy ligero o de cuerpo medio como el Pinot Noir o un vino blanco rústico de Jura.

7 g (¼ oz) de hongos mora secos (página 185) y la misma cantidad de hongos morillas secos

½ taza (125 ml/4 fl oz) de caldo de pollo o verduras, caliente

4 cucharadas (60 g/2 oz) de mantequilla sin sal, o la necesaria

2 chalotes, picados

2 dientes de ajo, picados

De 90 a 125 g (3-4 oz) de mezcla de hongos secos (vea Nota), cepillados, sin tallos duros y picados toscamente

125 g (¼ lb) de hongos blancos frescos, cepillados y finamente rebanados

1½ cucharadas de harina de trigo (simple)

¼ taza (60 ml/2 fl oz) de crema espesa (doble)

Una pizca de pimienta de cayena y la misma cantidad de nuez moscada recién rallada

Sal

1 ó 2 rebanadas de jamón curado en seco, como el Bayonne o prosciutto, en dados

¼ taza (60 ml/2 fl oz) de Oporto

Pasta de hojaldre (página 170) o 440 g (14 oz) de pasta de hojaldre congelada, descongelada

1 yema de huevo mezclada con 1 cucharada de leche

Rinde 4 porciones

LES ENTRÉES

Una sencilla sopa hecha puré, una *salade composée*, huevos horneados en crema...

la entrada graciosa prepara la escena para lo que viene a continuación.

Los mejores cocineros parisinos prestan la misma atención para elegir el primer plato como a la elección del plato principal. Saben que la entrada debe poder satisfacer por sí misma, y que al mismo tiempo debe preparar la escena para lo que continúa. Puede ser huevos horneados en una *cocotte*, una omelet aderezada con hierbas, poros cocidos con vinagreta o una *salade composée*, que puede ser una combinación de betabeles, hierbas de canónigo y queso azul. Muchos parisinos también quieren empezar una comida con una sopa, quizás un puré ligero de alcachofas o una mezcla robusta de poro y papa. Y pocos platillos dicen París con un mejor acento que la deliciosa *soupe à l'oignon gratinée*, con una corona de queso derretido.

SOUPE À L'OIGNON

Sopa de Cebolla a la Francesa

Esta sustanciosa sopa captura la verdadera esencia de París. Obtuvo su fama como un reconstitutivo clásico de media noche durante el apogeo de Les Halles, el antiguo mercado de venta de alimentos al mayoreo, y se servía tanto en establecimientos grandes como en los pequeños de la vecindad. Hoy en día, aún puede ir a las instalaciones del antiguo mercado y ordenar un tazón de esta sopa cubierta con queso en el venerado Au Pied de Cochon (1e), que continúa nutriendo a un río continuo de trasnochadores que saben en donde encontrar comida cuando el resto de la ciudad está dormida.

1 Usando una mandolina o un cuchillo filoso, parta la cebolla a lo largo en rebanadas delgadas. Reserve.

2 En una olla grande y pesada sobre calor medio-bajo, derrita la mantequilla con el aceite. Agregue las cebollas, tape y cocine de 20 a 30 minutos, moviendo de vez en cuando, agregando el azúcar y sazonando al gusto con sal y pimienta hasta que las cebollas estén sumamente suaves, doradas y ligeramente caramelizadas.

3 Añada el vino, eleve la temperatura a alta y cocine de 8 a 10 minutos, hasta que el líquido se reduzca aproximadamente a la mitad. Agregue el caldo y la hoja de laurel. Reduzca el calor a medio-bajo, y deje que la sopa hierva a fuego lento, sin tapar, cerca de 45 minutos, hasta que esté oscura y totalmente sazonada. Si el líquido se evapora demasiado rápido y la sopa está demasiado fuerte, agregue un poco de agua, tape la olla y continúe cocinando.

4 Justo antes de servir, precaliente el horno a 200°C (400°F). Acomode las rebanadas de pan sobre una charola de hornear y tuéstelas, de 3 a 5 minutos por cada lado, volteándolas una vez, hasta que estén doradas por ambos lados. Retire del horno y reserve.

5 Retire la hoja de laurel de la sopa y deseche. Sirva la sopa con un cucharón en tazones térmicos para sopa, acomódelos sobre una charola de hornear. Coloque un trozo de tostada sobre cada tazón y espolvoree uniformemente con el queso Comté. Hornee de 10 a 15 minutos, hasta que se derrita el queso y las tostadas estén ligeramente doradas alrededor de las orillas. Retire del horno y sirva de inmediato.

Sirva con un vino tinto de bistro clásico como un Beaujolais de Côtes de Brouilly o Morgon.

1.25 kg (2½ lb) de cebollas amarillas o blancas

3 cucharadas de mantequilla sin sal

1 cucharada de aceite de canola

Una pizca de sal

Sal y pimienta recién molida

2 tazas (500 ml/16 fl oz) de vino tinto ligero o blanco seco

8 tazas (2 l/64 fl oz) de caldo de res

1 hoja de laurel

6 rebanadas gruesas de pan campestre crujiente, cada una de 4 cm (1½ in) de grueso

3 tazas (375 g/12 oz) de queso Comté o Gruyère rallado

Rinde 6 porciones

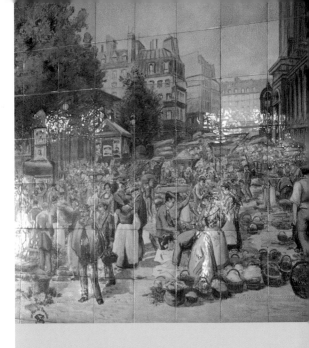

Les Halles

En el siglo XII, el mercado más antiguo de la ciudad, sobre la Île de la Cité, se extendió fuera de sus instalaciones frente al ayuntamiento, esto hizo que fuera reubicado en lo que ahora es el 2e arrondissement, cerca de Rue Saint-Denis. Los alfareros, sastres, tenedores de piel, bordadoras y demás artesanos se unieron a los vendedores de alimentos, y el mercado rápidamente floreció, extendiéndose y cubriendo las calles que le rodeaban. París continuó creciendo también y cerca de cuatro siglos más tarde, el mercado conocido por el nombre de Les Halles, experimentó otra modificación, cambiando únicamente a ventas de alimentos, tanto al mayoreo como al menudeo. A mediados de los años 1800s, se construyó un nuevo edificio de vidrio y herrería para el mercado, una atractiva estructura que se convirtió en un modelo para los mercados de otras ciudades francesas.

Sin embargo, para los 1960s, Les Halles era demasiado pequeño para manejar la enorme cantidad de alimentos que se necesitaban para mantener a la población creciente de París. En 1969, el mercado de alimentos de mayoreo se mudó al suburbio de Rungis, en donde se encuentra en la actualidad. Tristemente, el gran edificio del mercado de vidrio y herrería fue demolido y un extendido complejo subterráneo de vidrio y cromo con poca personalidad tomó su lugar.

SOUPE À L'ARTICHAUT

Purée of Artichoke Soup

En 1533, Catalina de Medici, de catorce años, se mudó de la Toscana, su tierra natal a Francia para casarse con Enrique II, llevando con ella sus amadas alcachofas. De hecho, era tan fanática de las alcachofas que, en alguna ocasión, dijo que había tomado tantas que había temido morirse. Sus nuevos compatriotas eran menos entusiastas sobre la verdura, pero la favorecían como un remedio contra los problemas estomacales y del hígado. Con el tiempo, los franceses se convencieron y la alcachofa se convirtió en una de las verduras más comunes de la mesa gálica. Esta sopa es excelente si se sirve antes del pollo rostizado.

PARA LA MANTEQUILLA DE HONGOS CEMA

1 cucharada (15 g/½ oz) de pequeños trozos de hongos cema secos (página 185)

Agua hervida según sea necesaria

1 diente de ajo, pequeño

Sal

4 cucharadas (60 g/2 oz) de mantequilla sin sal, a temperatura ambiente

PARA LA SOPA

1 cucharada de vinagre de vino blanco o jugo de ½ limón

4 alcachofas grandes ó 5 ó 6 medianas, aproximadamente 1.25 kg (2½ lb) en total

1 cucharada de mantequilla sin sal

3 cucharadas de aceite de oliva extra-virgen

4 ó 5 chalotes, de 75 a 90 g (2½ a 3 oz) en total, picados

2 dientes de ajo, picados

½ taza (125 ml/4 fl oz) de vino blanco seco

2 tazas (500 ml/16 fl oz) de caldo de pollo

1 bouquet garni (página 185)

Sal y pimienta recién molida

Rinde de 4 a 6 porciones

1 Para hacer la mantequilla de hongos cema, mezcle en un tazón pequeño los hongos con agua hirviendo hasta cubrir. Tape y deje remojar de 30 a 60 minutos, escurra bien, exprimiendo el exceso de líquido. En un mortero, usando su mano, o en un procesador de alimentos pequeño, triture el ajo con una pizca de sal. Agregue los hongos y golpee o procese la mezcla, integre la mantequilla y mezcle. Pase a un tazón y refrigere.

2 Para hacer la sopa, tenga a la mano un tazón grande con tres cuartas partes de agua a la que le habrá agregado el vinagre. Trabajando con 1 alcachofa a la vez, corte el tallo en la parte inferior, pele y rebane el tallo y colóquelo dentro del agua con vinagre. Vaya desprendiendo las hojas exteriores hasta llegar a las hojas suaves interiores, colocando las hojas exteriores en una olla. Corte la tercera parte superior de la alcachofa, retirando las puntas de las hojas. Parta la alcachofa en cuatro partes a lo largo y, usando un cuchillo mondador, retire el corazón de cada cuarta parte. A medida que trabaje, agregue las cuartas partes al tazón con agua de vinagre.

3 Cuando las hojas exteriores de todas las alcachofas estén en la olla, agregue 5 tazas (1.25¼ fl oz) de agua y hierva sobre calor medio-alto. Cocine, sin tapar, de 10 a 15 minutos, hasta que el agua se torne verde y tenga el fuerte sabor mineral de las alcachofas. Cuele a través de un colador de malla fina sobre una jarra de medir. Deseche las hojas y reserve el agua de cocimiento. Deberá tener aproximadamente 4 tazas (1 l/32 fl oz).

4 Escurra los cuartos de alcachofa y las rebanadas del tallo y corte en rebanadas delgadas o pique

toscamente los cuartos de alcachofa para hacer trozos uniformes; reserve.

5 En una olla grande y gruesa, sobre temperatura media-alta, derrita la mantequilla con el aceite de oliva. Agregue los chalotes y el ajo y saltee de 3 a 5 minutos, hasta suavizar. Agregue las alcachofas y saltee 5 minutos hasta que estén medio cocidas.

6 Agregue el vino y cocine hasta que se reduzca a 1 ó 2 cucharadas, añada el agua de cocimiento reservada, el caldo y el bouquet garni. Hierva, reduzca el calor a medio y cocine, sin tapar, de 10 a 15 minutos, hasta que las alcachofas estén lo suficientemente suaves para hacerlas puré.

7 Retire y deseche el bouquet garni. Usando una cuchara ranurada, pase los trozos de alcachofa a un procesador de alimentos, agregue una pequeña cantidad del líquido de cocimiento y haga un puré suave. Si desea una sopa más suave, cuele el puré a través de un colador de malla fina. Vuelva a poner el puré en la olla y mezcle para combinarlo con el líquido. Vuelva a calentar sobre calor medio-alto hasta obtener la temperatura deseada para servirlo. Sazone al gusto con sal y pimienta.

8 Sirva la sopa en tazones y cubra cada uno con ½ ó 1 cucharadita de mantequilla de hongos cema (reserve la mantequilla restante para otro uso). Sirva de inmediato.

Desafortunadamente, las alcachofas son difíciles de combinar con vino, pero si lo desea pruebe un vino blanco seco Bordeaux o un vigoroso Sauvignon Blanc del Valle de la Loire como el Sancerre o el Pouilly-Fumé.

OEUFS EN COCOTTE

Huevos horneados en Crema

Un parisino auténtico jamás desayuna huevos, más bien empieza su día con un croissant o un brioche o quizás con una baguette con un poco de jamón. Pero los huevos a menudo aparecen como primer plato en la comida o en la cena. Este platillo se hace tradicionalmente en pequeños cocottes, que son tazones redondos para hornear, por lo general de cerámica aunque algunas veces son de hierro fundido, pero también puede usar refractarios individuales (ramekins) o platitos para natillas. Para obtener el mejor sabor, los cocineros franceses insisten en usar huevos frescos de granja y sacarlos del horno justo en el momento en que las claras están firmes y las yemas aún suaves y tiernas. Saboree este platillo como primer plato y a continuación sirva un platillo de carne asada como el daube (página 132).

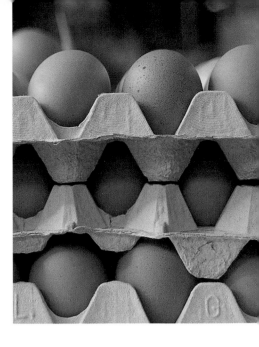

1 Precaliente el horno a 190°C (375°F). Hierva agua en una tetera.

2 Coloque cuatro refractarios individuales o platitos para natilla con capacidad de ¾ de taza (180 ml/6 fl-oz) en una charola grande y profunda para hornear. Coloque una buena cantidad de mantequilla en la base de cada refractario y rompa 2 huevos dentro de cada uno. Para asegurarse de que no haya imperfecciones en los huevos, primero rompa cada huevo en una salsera y resbálelo suavemente hacia el refractario. Espolvoree los huevos uniformemente con el cebollín, sazone con sal y pimienta y bañe uniformemente con la crema. Cubra cada refractario con un poco de queso Comté y Parmesano.

3 Vierta agua hirviendo dentro de la charola para hornear hasta llegar a la mitad de la altura de los refractarios y cubra la charola de hornear con una hoja grande de papel aluminio. Hornee los huevos cerca de 10 minutos, hasta que las claras estén firmes y las yemas aún estén suaves y tiernas. Para revisar la cocción, toque suavemente un huevo con la yema de sus dedos, o agite suavemente un refractario. Si el huevo baila ligeramente, está listo. Si prefiere huevos más firmes, hornéelos 1 ó 2 minutos más.

4 Saque con cuidado la charola del horno, rápida y cuidadosamente retire los refractarios individuales del baño maría. Sirva de inmediato.

Sirva con vino blanco espumoso como Champagne o un vino Burgundy blanco cremoso como el Saint-Véran.

Nota: Los huevos de este platillo pueden estar parcialmente cocidos. Por favor vea la página 185 para más información.

1 ó 2 cucharadas de mantequilla sin sal a temperatura ambiente

8 huevos

1 ó 1½ cucharadas de cebollín fresco picado

Sal y pimienta recién molida

Aproximadamente ¼ taza (60 ml/2 fl oz) de crema espesa (doble)

Aproximadamente 125 g (¼ lb) de queso Comté o Gruyère, rallado

Aproximadamente 2 cucharadas de queso Parmesano rallado

Rinde 4 porciones

SALADE FRISÉE AUX LARDONS

Ensalada Frisée con Tocino

Esta ensalada depuradísima de bistro es originaria de Lyon, ampliamente considerada como la capital de la gastronomía francesa. Combina lechuga frisée y endivia belga, ambos miembros de la familia de las chicorias, y lardons, o trozos de tocino curado en sal. A los cocineros parisinos les gusta servir esta ensalada en invierno, cuando pueden encontrar en los mercados cabezas frescas de lechuga frisée y pálidas y crujientes endivias belgas. Esta es una modesta salade aux lardons, que está compuesta de hortalizas secas, trozos de tocino y una fuerte vinagreta. Una versión más elaborada podría hacerse con hierbas frescas o lechugas jóvenes mezcladas con hojas de chicoria, quizás algunos crotones y un huevo hervido en la superficie.

2 cabezas pequeñas de lechuga frisée, aproximadamente 500 g (1 lb) en total, sin corazón y cortadas en trozos del tamaño de un bocado

1 cabeza de endivias belgas blancas o rojas (chicoria/witloof), sin corazón y cortada a lo ancho en tiras de 12 mm (½ in) de ancho

1 cabeza de radicchio, sin corazón y cortada a lo ancho en tiras de 2 mm (½ in) de ancho

3 chalotes, finamente picados

2 cucharadas de cebollín fresco picado

Sal y pimienta recién molida

2 ó 3 cucharadas de aceite de oliva extra virgen

De 250 a 375 g (½-¾ lb) de lardons franceses (página 186) u otro tocino curado que no sea ahumado como la pancetta, cortado en dados de 6 mm (¼ in)

3 cucharadas de vinagre de jerez

2 cucharadas de vinagre de vino blanco o al gusto

Rinde de 4 a 6 porciones

1 En un tazón grande, combine la frisée, endivia, radicchio, chalotes y cebollín. Sazone con sal y pimienta y mezcle con 2 cucharadas del aceite de oliva. Reserve.

2 Caliente una sartén grande y gruesa para freír sobre calor medio-alto. Agregue el tocino y la cucharada restante de aceite de oliva, únicamente si el tocino no tiene grasa, y cocine moviendo constantemente, cerca de 3 minutos, hasta que se dore el tocino y haya soltado la mayor parte de su grasa. Agregue la mitad de cada tipo de vinagre y cocine aproximadamente 3 minutos, hasta que se convierta en una miel.

3 Coloque inmediatamente el tocino caliente y el vinagre sobre las hortalizas y mezcle bien. Agregue el vinagre restante al gusto. Sirva de inmediato.

Sirva con un vino tinto básico de bistro hecho de Pinot Noir como el Bourgogne Rouge o un blanco de Alsacia claro como el Pinot Blanc.

SALADE DE MÂCHE ET DE BETTERAVE

Ensalada de Betabel y Hierbas de Canónigo

Los betabeles se encuentran entre los ingredientes favoritos de los cocineros franceses y una combinación de betabeles, hierbas de canónigo y fuerte queso azul es difícil de vencer. Es tan popular en París que no sólo la encontrará en cafés y restaurantes, sino también entre los alimentos previamente empacados de los supermercados. La calidad natural y el sabor ligeramente dulce de los betabeles también los convierte en un ingrediente perfecto para combinar con otras leguminosas, como berros o lechuga Boston. Las nueces le dan textura a la mezcla, mientras que la cebolla morada resalta la dulzura de los betabeles. Después de esta ensalada clásica sirva un plato principal hecho de pato.

1 Para hacer la ensalada, precaliente el horno a 190ºC (365ºF). Si los betabeles aún tienen hojas, córtelas dejando aproximadamente 2.5 cm (1 in) del tallo. Coloque los betabeles en una charola para hornear lo suficientemente grande para darles cabida, vierta el agua y cubra la charola con papel aluminio. Hornee los betabeles cerca de 1 hora, hasta que se sientan suaves al picarlos con un tenedor. Retire los betabeles del horno y, cuando estén lo suficientemente fríos para poder tocarlos, retire su piel. Corte los betabeles en cubos del tamaño de un bocado y reserve.

2 Si lo desea, tueste las nueces. Colóquelas en una sartén seca y gruesa para freír sobre temperatura media y tueste, cerca de 10 minutos, moviendo las nueces hasta que se doren uniformemente, aromaticen y estén doradas. Pase a un plato y deje enfriar.

3 En un tazón grande para ensalada, mezcle las endivias con el jugo de limón. Agregue las hierbas de canónigo, cebolla morada, nueces, queso azul y betabeles; mezcle.

4 Para hacer la vinagreta, mezcle en un tazón pequeño el vinagre de vino blanco con el vinagre balsámico y una pizca de sal, usando un tenedor, hasta que se disuelva la sal. Integre la mostaza. Lentamente incorpore el aceite de oliva y el aceite de nuez, mezclando constantemente. Sazone al gusto con pimienta; pruebe y rectifique la sazón.

5 Bañe la ensalada con la vinagreta, mezcle para cubrir uniformemente y sirva de inmediato.

Sirva con un vino tinto robusto de cuerpo entero, como el Cahors.

PARA LA ENSALADA:

4 betabeles, aproximadamente 500 g (1 lb) en total

Aproximadamente 1 taza (250 ml/8 fl oz) de agua o vino tinto seco

¼ taza (30 g/1 oz) de nueces en mitades

2 cabezas de endivia belga (chicoria/witloof), sin corazón y cortadas en tiras a lo ancho de 12 mm (½ in) de grosor

Jugo de ½ limón

375 a 500 g (¾ -1 lb) de hierbas de canónigo o berros (aproximadamente 4 tazas)

1 cebolla morada pequeña, finamente rebanada

185 g (6 oz) de queso azul tipo roquefort o Fourme d´Ambert, cortado en trozos del tamaño de un bocado

PARA LA VINAGRETA

1½ cucharada de vinagre de vino blanco

1 cucharadita de vinagre balsámico

Sal

1 cucharadita de mostaza Dijon

3 cucharadas de aceite de oliva extra virgen ligero

1 cucharada de aceite de nuez

Pimienta recién molida

Rinde de 4 a 6 porciones

Betabeles

En Francia, así como en toda Europa, los betabeles se venden ya cocidos en los mercados para hacer una ensalada instantánea. La tradición de vender betabeles cocidos empezó poco tiempo después de la II Guerra Mundial, cuando el combustible era caro, haciendo que las verduras que tardaban mucho tiempo en cocerse como los betabeles fueran demasiado caras para prepararse con regularidad. A los granjeros, que no querían perder sus clientes debido a los altos costos del cocimiento, se les ocurrió la idea de cocerlas dentro de grandes calderos que colocaron en sus campos y entregarlas rápidamente a los mercados de la ciudad, listas para comerse. Hoy en día, los betabeles cocidos se venden por lo general en bolsas empacadas al vacío.

Pero los betabeles no sólo se usan en ensaladas. Típicamente son parte de un *grand aïoli*, una delicia provenzal adquirida por el resto de Francia, que es un aderezo a base de mayonesa de ajo donde se remojan verduras, huevos horneados, mariscos y algunas veces cordero o res. Una variedad de verduras crudas estaría incompleta sin un tazón de betabeles aderezados con vinagreta (vea página 78), mientras que un sabroso *bortsch à la russe*, que llegó a la capital francesa con los primeros inmigrantes rusos, sigue siendo popular entre los parisinos.

OMELETTE AUX FINES HERBES

Omelet a las Hierbas

Los hambrientos parisinos consideran a la omelet un salvavidas: sus ingredientes por lo general son pocos y comunes y se combinan rápido y fácilmente. Aunque ellos saben que es un platillo agradable y tradicional si se sirve como primer plato, antes de una chuleta de ternera o una pechuga de pato, también saben que se puede disfrutar como un ligero plato principal acompañado de unas cuantas rebanadas de jitomate, un plato de charcuterie y una ensalada verde; ya sea a medio día o en la noche. La omelet parisina más popular es la más sencilla: una mezcla de huevos y hierbas finas, estas últimas pueden ser cualquier combinación de hierbas frescas picadas, que por lo general llevan perejil como verdura principal y a menudo incluyen perifollo, cebollín y estragón.

De 8 a 12 huevos, ligeramente batidos

2 cucharadas de perejil fresco liso (italiano) picado

2 cucharadas de cebollín fresco picado

2 cucharaditas de estragón fresco picado

1 cucharada de perifolio fresco picado (opcional)

Sal y pimienta recién molida

Aproximadamente 4 cucharadas (60 g/2 oz) de mantequilla sin sal

Rinde 4 porciones

1 Usando un tazón diferente para cada omelet, bata 2 ó 3 huevos hasta mezclar (al usar tazones diferentes es más fácil preparar omelets individuales). Bata una cuarta parte del perejil, cebollín, estragón y perifolio en cada tazón y sazone con sal y pimienta.

2 Caliente una sartén para freír de 18 a 20 cm (7–8 in) sobre calor medio alto. Agregue aproximadamente 1 cucharada de mantequilla. En cuanto se derrita, ladee la sartén para cubrir la base y lados. Cuando la mantequilla sisee pero no haya empezado a dorarse, retire la sartén del calor e integre la mezcla de huevo de un tazón. Inmediatamente vuelva a colocar la sartén en el fuego y ladéela para que la base de la omelet se dore ligeramente pero la superficie permanezca tierna; esto no debe tomar más de 15 ó 20 segundos. Cuando el centro tenga la consistencia de huevos revueltos muy tiernos, enrolle la omelet hacia usted, poco a poco, con ayuda de una espátula de madera y manteniendo la sartén ladeada.

Una vez enrollada, deje que la omelet se cocine durante unos cuantos segundos más. La base debe quedar dorada pálida y el centro debe estar tierno. Posteriormente, tomando un plato precalentado en una de sus manos y el mango de la sartén con la otra, coloque la orilla de la sartén cerca del centro del plato, levante la sartén para que el omelet caiga sobre el centro del plato, con su unión hacia abajo. Todo el proceso de cocimiento no deberá tomar más de 2 minutos.

3 Sirva la omelet de inmediato, repita la operación con la mezcla de huevo de los demás tazones, agregando una cucharada adicional de mantequilla a la sartén para hacer cada omelet.

Sirva con un Burgundy vigoroso como el Chablis o un afrutado Pinot Blanc de Alsacia.

POTAGE PARMENTIER

Sopa de Poro y Papa

Una mezcla vigorosa de poros y papas, algunas veces enriquecida con crema, es una de las sopas más sencillas de la cocina francesa. Puede servir esta misma sopa hecha puré. Si el puré incluye crema y está fría, se convierte en una vichyssoise, que fue creada un caluroso día de verano de 1917 por el chef francés Louis Diat en el Hotel Ritz-Carlton de Nueva York. La vichyssoise, que Diat nombró en recuerdo de un spa cercano a su pueblo natal, ahora se disfruta en Francia, y especialmente en París, en donde se puede encontrar adornada con una cucharada de caviar, un trozo de langosta o unas rebanadas de trufas.

1 En una olla sobre calor alto, mezcle los poros, papas y caldo. Hierva, reduzca la temperatura a media-baja, tape y hierva a fuego lento, cerca de 15 minutos, hasta que las verduras se empiecen a desbaratar.

2 Sazone al gusto con sal y pimienta, integre la crème fraîche y caliente lo necesario. Sirva cucharones de la sopa en tazones y adorne con el cebollín.

Sirva con un vino blanco seco de cuerpo medio del Languedoc o, si desea variar, un Burgundy blanco con sabor a mantequilla como el Meursault o el Pouilly-Fuissé.

3 poros medianos o grandes, su parte blanca y verde clara únicamente, enjuagados (página 186) y rebanados a lo ancho

375 g (¾ lb) de papas blancas, de preferencia russets, sin piel y cortadas en dados

6 tazas (1.5 l/48 fl oz) de caldo de pollo o verduras

Sal y pimienta recién molida

De 6 a 8 cucharadas (90 a 125 ml/3-4 fl oz) de crème fraîche (página 185)

2 cucharadas de cebollín fresco picado

Rinde de 4 a 6 porciones

Parmentier

La papa llegó a Francia a finales del siglo XVI y rápidamente se puso de moda como una planta de ornamento. No adquirió gran popularidad como alimento ya que muchas personas pensaban que era venenosa, hasta que Antoine-Auguste Parmentier, un farmacéutico del ejército, quien había sobrevivido gracias a este tubérculo en un campamento para prisioneros de guerra durante la Guerra de los Siete Años, se encargó de impulsar su consumo. La hambruna de 1770 le hizo escribir un ensayo ganador de un premio en el cual promovía la papa como un alimento seguro para ingerir y el cual podía salvar a la gente del hambre.

Louis XVI le donó a Parmentier un trozo de tierra para hacer un cultivo experimental y Parmentier presentó sus resultados a la corte en un banquete hecho totalmente a base de papas, que incluía sopa de papa, ensalada de papa, papas fritas, pan hecho con harina de papa e incluso licor de papa. La tarde fue un gran éxito y la papa rápidamente se convirtió en un alimento básico de la alimentación francesa. Con el tiempo, la ciudad de París reconoció la importante contribución de Parmentier al nombrar una calle en su memoria en el décimo primer arrondissement. Hoy en día, el término *Parmentier* a menudo se usa para nombrar platillos que llevan papas.

POIREAUX VINAIGRETTE

Poro Pochado con Vinagre

Los poros han sido cultivados en Francia por más de mil años, y los bistros parisinos, tanto los sencillos como los elegantes, han incluido este platillo clásico en sus menús durante mucho tiempo. No se conoce su origen, pero la combinación de este miembro dulce por naturaleza, de la familia de la cebolla, con una vinagreta clásica de mostaza, ha demostrado que es una combinación perfecta. En esta receta, así como en otros platillos en los que se ha recortado el poro pero se ha dejado entero, los cocineros franceses atan esta verdura delgada y larga haciendo un amarre. Al atarlos de esta manera les ayuda a mantener su forma cilíndrica.

1 Enjuague (página 186) y limpie los poros, dejando aproximadamente 5 cm (2 in) del pálido y delgado tallo. Divida los poros en 4 porciones iguales de 3 ramas cada una y amarre cada porción usando cordón de cocina, haciendo un ramo.

2 Hierva una olla con tres cuartas partes de agua salada sobre temperatura alta. Agregue los poros, tape y cocínelos de 7 a 9 minutos, hasta que se sientan suaves al picarlos con un tenedor. Usando una cuchara ranurada, páselos a un plato y deje enfriar. Cuando los poros estén lo suficientemente fríos para poder tocarlos, corte el cordón.

3 En un tazón pequeño, usando un tenedor, mezcle una pizca de sal y el vinagre hasta que se disuelva la sal; incorpore la mostaza. Lentamente integre el aceite de oliva moviendo constantemente. Sazone al gusto con pimienta, pruebe y rectifique la sazón.

4 Acomode los poros sobre platos individuales y adorne con los jitomates cereza, si los usa. Bañe con la vinagreta y adorne con el cebollín, estragón y perejil. Sirva los poros calientes, a temperatura ambiente o ligeramente fríos.

Sirva con un vino joven Beaujolais como el Morgon o un blanco Côtes du Provence bien frío.

12 poros pequeños o medianos, de 1.25 a 1.5 kg (2½–3 lb) en total

Sal gruesa de mar y pimienta recién molida

2 cucharadas de vinagre de jerez

2 cucharaditas de mostaza Dijon

6 cucharadas (90 ml/3 fl oz) de aceite de oliva extra virgen

¼ taza (45 g/1½ oz) de jitomates cereza, partidos a la mitad o en cuartos (opcional)

2 cucharadas de cebollín fresco picado

1 cucharada de estragón fresco picado

1 cucharada de perejil liso (italiano) fresco picado

Rinde 4 porciones

Poros

Conocido en el antiguo París como "espárrago para los pobres", el tosco poro crece fácilmente durante todo el invierno sin necesitar demasiado cuidado por parte del hortelano. El espárrago, por el contrario, es una verdura más delicada y demandante y su temporada de cultivo es más corta. Esa es la razón por la que el espárrago fue más caro en la antigüedad y sólo podía ser adquirido por los ricos. Los poros eran abundantes y todo mundo los podía, y puede, comprar. En los años que siguieron a la II Guerra Mundial, la popularidad de los poros disminuyó ligeramente, pero pronto recuperó su estatus en la cocina francesa.

En la actualidad, la rica y arenosa tierra y la fresca brisa del mar que caracteriza el área alrededor de Nantes, en el Valle de la Loire al suroeste de París, ayuda a producir un gran cultivo de poros y otras verduras que se sirven en las mesas de la Île-de-France y más allá. Los poros por lo general se sirven a temperatura ambiente con una vinagreta; o al vapor o hervidos y calientes con un poco de mantequilla y adornados con cebollín. También se pican y saltean con zanahorias, perejil y otros sazonadores para usar como base para sopas; o cocidos, asados o cortados en rebanadas delgadas y fritos para ser usados como guarnición.

LES PLATS

El plat, o plato principal de una comida, puede ser tan sencillo como un

pollo asado a las hierbas o tan elegante como un pato al Oporto con higos.

El plato principal de una comida parisina tiene diferentes apariencias. Por ejemplo, se puede encontrar tanto platillos que han sido cocinados durante mucho tiempo así como *magrets de canard* preparados con rapidez garabateados en los principales pizarrones de menús de la ciudad. Aunque París se encuentra retirado de la costa, los residentes de la ciudad consideran a los mariscos como una especialidad local, gozando el salmonete de roca con un poco de tapenade, las pescadillas delicadas con salsa de acedera a la bernesa o un rústico pot-au-feu de pescados y mariscos mixtos. Pero el depuradísimo *plat* de la capital, ya sea que usted cene en un sencillo bistro o en un restaurante elegante, es el clásico filete de res, asado por un experto e inevitablemente acompañado con crujientes *pommes frites*.

ONGLET AUX ÉCHALOTTES

Filete con Salsa de Chalote

El onglet francés, prácticamente escondido detrás del hígado y justo debajo del lomo, en el cuarto trasero de la res, es conocido como filete en el resto del mundo. Es un corte clásico para el steak frites de los bistros parisinos. Aunque es relativamente barato, tiene un sabor delicioso a carne, pero no debe cocerse más tiempo del término medio para que no se endurezca. Para lograr el mejor resultado se debe freír en una sartén. Recuerde también que el tiempo correcto depende del grosor del filete, no de su peso. Las frites (papas a la francesa; página 152) son una guarnición clásica y deliciosa.

1 Seque los filetes con toallas de papel. Sazone con sal y pimienta y barnice ligeramente con aceite de oliva.

2 Caliente una sartén grande y gruesa para freír sobre calor alto hasta que esté sumamente caliente. Cocine los filetes de 45 a 60 segundos, hasta que se doren y estén ligeramente crujientes por el primer lado. Voltee y repita la operación por el segundo lado de 45 a 60 segundos. Reduzca el calor a medio-alto y cocine los filetes de 2 a 4 minutos más de cada lado, dependiendo del grosor. Para revisar el término de cocción, presione su dedo firmemente sobre uno de los filetes; entre más cruda esté la carne, se sentirá más suave y carnosa. Si lo desea, haga un pequeño corte en la carne para revisar el color. Pase los filetes a un platón y tape holgadamente con papel aluminio. (Los filetes continuarán cociéndose lentamente a medida que reposan).

3 Reduzca la temperatura a media-baja. Derrita 1½ cucharada de la mantequilla en la sartén. Agregue los chalotes y saltee de 5 a 7 minutos, hasta que estén dorados. Agregue el vino, eleve la temperatura a alta y cocine, moviendo, de 5 a 6 minutos, hasta que el líquido prácticamente se haya evaporado. Agregue el caldo y cocine de 5 a 6 minutos, hasta que los chalotes estén muy suaves y el líquido se haya reducido para tomar la consistencia de usa salsa sazonada. Retire del fuego e integre, batiendo, 1½ cucharada de mantequilla.

4 Pase los filetes y el jugo acumulado a platos individuales. Cubra con los chalotes y la salsa. Sirva de inmediato.

Sirva con un intenso tinto Bordeaux o un cálido vino tinto de la región de Rhône como un Châteneuf-du-Pape o el Gigondas.

De 4 a 6 *onglets* o filetes de establo, de 250 a 375 g (8-12 oz) cada uno, limpios y ligeramente marmoleados, si fuera posible, a temperatura ambiente

Sal gruesa de mar y pimienta recién molida

Aceite de oliva para barnizar

3 cucharadas de mantequilla sin sal

12 chalotes, aproximadamente 375 g (¾ lb) en total, finamente rebanados

¾ taza (180 ml/6 fl oz) de vino tinto seco

1 taza (250 ml/8 fl oz) de caldo de res

Rinde de 4 a 6 porciones

Filete en París

El *bavette*, o filete de lado, es rival del *onglet* como el corte más comúnmente usado para el *steak frites*. Al igual que con el *onglet*, nunca debe cocinarse más de término medio. El *entrecôte* o rib eye, es un poco más suave y si usted encuentra un *entrecote du Charolais*, tendrá un buen agasajo. El ganado grande y blanco de Charolais, la raza primaria del ganado de Francia, proporciona filetes suaves y magros, aunque los Salers, un ganado que se cría principalmente en Auvergne, están teniendo gran aceptación. *Faux-filet* y *contre-fillet* son cortes de sirloin, al igual que el *bavette d'aloyau*, o top sirloin.

Los meseros parisinos siempre preguntan a sus clientes en que término desean su filete. Pida *bleu* si lo desea muy crudo. Esto significa, dorado y crujiente por el exterior y rojo y ligeramente morado en el interior. Pida *saignant* para término medio-crudo y la carne estará roja por dentro tornándose roja hacia la superficie. Para término medio ordene el filete *à point*. La carne tendrá una zona más grande de color rosado rodeada por una pequeña porción roja en el centro. *A point* también se refiere a término medio cuando el interior es de color rosa uniforme. Y, por último, *bien cuit* significa cocido, o dorado tanto en el interior como en el exterior, una tragedia para un delicioso trozo de carne..

FILET DE ROUGET POÊLÉ À LA TAPENADE

Salmonete Empanizado con Tapenade

El salmonete de roca es un pescado especial del Mediterráneo, un pescado muy preciado desde Atenas hasta París por su delicada y sabrosa carne blanca y sus pocas espinas. En esta receta, los filetes de salmonete de roca se acompañan con tapenade, una mezcla de aceitunas provenzales y alcaparras. Esta receta puede ser más amplia de lo que usted necesita; almacene el sobrante hasta por 2 semanas en el refrigerador. Cualquier filete blanco de carne firme con la piel intacta como el loup de mer (lobina) o el dorate (bonito) pueden sustituirlo; corte en trozos de 185 a 220 g (6 -7 oz) y siga la receta que se muestra a continuación. Quizás necesite aumentar el tiempo de cocción dependiendo del grosor de los filetes.

PARA EL TAPENADE

2 dientes de ajo

1 taza (155 g/5 oz) de aceitunas negras curadas en aceite, sin hueso

2 cucharadas de anchoas picadas (opcional)

¼ taza (60 g/2 oz) de alcaparras, enjuagadas

2 cucharadas de aceite de oliva extra virgen, o el necesario

6 filetes de salmonete de roca, de 185 a 220 g (6-7 oz) cada uno, con piel

Jugo de ½ limón

6 cucharaditas de aceite de oliva extra virgen

1 cucharadita de hojas de tomillo fresco

Sal y pimienta recién molida

2 papas amarillas

Una pizca grande de sal

De 185 a 250 g (6–8 oz) de haricots verts o ejotes

4 cucharadas (60 g/2 oz) de mantequilla sin sal, o la necesaria

250 g (½ lb) de jitomates cereza

3 chalotes, picados

½ taza (125 ml/4 fl oz) de vino blanco seco y la misma cantidad de caldo de pollo

Aproximadamente 10 hojas de albahaca fresca, finamente picadas

Rinde 6 porciones

1 Para hacer el tapenade, integre en un procesador de alimentos el ajo, aceitunas, anchoas (si las usa), alcaparras y aceite de oliva y mezcle para formar una pasta, agregando más aceite de oliva, si fuera necesario, para diluir la consistencia. Reserve.

2 Coloque los filetes de pescado sobre un plato y bañe con el jugo de limón, 2 cucharaditas del aceite de oliva, el tomillo y sal y pimienta. Reserve.

3 Talle las papas y corte en cubos pequeños. Llene una olla con agua hasta obtener una profundidad de 13 a 15 cm (5–6 in) y agregue el azúcar y una pizca grande de sal. Añada las papas y hierva sobre temperatura alta. Reduzca el calor a medio y cocine de 5 a 8 minutos, hasta que las papas estén casi suaves. Usando una cuchara ranurada, retire las papas y enjuague bajo el chorro de agua fría. Pase a un plato. Recorte los haricots verts o ejotes y repita la operación, cocinando de 30 a 60 segundos, hasta que estén suaves pero crujientes y de color verde brillante.

4 Caliente una sartén grande y gruesa para freír sobre calor medio. Derrita aproximadamente 1½ cucharadita de la mantequilla con 2 cucharaditas del aceite de oliva restante. Seque el pescado con toallas de papel. Trabajando en dos tandas, acomode el pescado dentro de la sartén colocando la piel hacia abajo, y cocine cerca de 2 minutos, hasta dorar por el primer lado. Voltee y cocine aproximadamente 30 segundos más, justo hasta que esté opaco por el segundo lado. Pase a un platón y cubra con papel aluminio. Repita la operación con los filetes restantes, agregando a la sartén 1½ cucharadita adicional de mantequilla y 2 cucharaditas de aceite.

5 Enjuague la sartén y coloque sobre calor medio. Derrita aproximadamente 1 cucharada de la mantequilla restante. Agregue las papas y saltee cerca de 5 minutos, hasta que estén suaves, espolvoreándolas con sal al gusto mientras que se doran. Pase a un plato y cubra para mantenerlas calientes.

6 Derrita aproximadamente 1½ cucharaditas de la mantequilla restante en la sartén y agregue los haricots verts. Sazone al gusto con sal y pimienta y saltee de 2 a 3 minutos, hasta que estén calientes. Pase al plato donde están las papas.

7 Derrita aproximadamente 1½ cucharaditas de la mantequilla restante en la sartén, agregue los jitomates cereza y ladee la sartén para calentar los jitomates. Sazone al gusto con sal y pimienta y pase a un plato con las papas y los haricots verts.

8 En la misma sartén sobre calor medio-alto, derrita la cucharada restante de mantequilla. Agregue los chalotes y saltee de 4 a 5 minutos, hasta que estén suaves. Añada el vino, eleve la temperatura a alta y desglase la sartén, moviendo para raspar los trozos dorados que hayan quedado adheridos a su base. Cocine cerca de 5 minutos, moviendo hasta que el líquido se reduzca a 2 cucharadas aproximadamente. Agregue el caldo y hierva de 5 a 6 minutos, hasta que la mezcla se reduzca a la mitad.

9 Divida el pescado y las verduras uniformemente entre platos individuales. Vierta la salsa sobre el pescado, espolvoree con albahaca y adorne cada plato con una cucharada del tapenade.

Sirva con un refrescante Sauvignon Blanc del Valle de la Loire como el Sancerre o un vigoroso vino blanco seco de Languedoc como el Clairette o el Minervois Blanc.

POULET AU RIESLING

Pollo Salteado en Riesling

Alsacia es una tierra de huertos y sembradíos de granos, aldeas medievales y castillos como de cuento de hadas, de sauerkraut (col fermentada) y cerveza. Incluye franjas de tierra tanto a orillas del Río Rin como de las montañas de los Vosgos y es la cuna de algunos de los mejores vinos blancos de Francia, entre los que se encuentran los vinos secos apergaminados de Riesling que los parisinos usan para cocinar o sirven en la mesa. En esta receta, el vino Riesling de Alsacia se convierte en la base para una salsa enriquecida con crema y sazonada con estragón, una hierba más arraigada en la cocina francesa que en cualquier otra.

1 Precaliente el horno a 180ºC (350ºF). Enjuague las piezas de pollo y seque con toallas de papel. Sazone con sal y pimienta, frote con el aceite de oliva. En una sartén antiadherente, grande y gruesa, sobre temperatura media-alta, dore el pollo en tandas, volteándolo ocasionalmente, de 10 a 15 minutos para cada tanda. Pase a un platón.

2 Reserve 1 cucharada de la grasa de la sartén y deseche el resto. Vuelva a colocar sobre fuego medio. Agregue los chalotes y el ajo y saltee cerca de 5 minutos, hasta que empiecen a suavizarse. Agregue el Riesling, eleve la temperatura a alta, hierva y cocine de 10 a 15 minutos, hasta que se reduzca a la mitad. Integre los hongos, caldo y la mitad del estragón. Vierta la salsa hacia una sartén para asar de por lo menos 10 cm (4 in) de alto y lo suficientemente grande para poder acomodar el pollo en una sola capa. Ponga el pollo sobre la salsa.

3 Hornee el pollo de 35 a 40 minutos, hasta que se vea totalmente opaco al picarlo con un cuchillo. Eleve la temperatura a 200ºC (400ºF) y continúe horneando cerca de 5 minutos más, hasta que las orillas de la piel estén crujientes. Pase el pollo a un platón profundo y cubra holgadamente con papel aluminio para mantenerlo caliente.

4 Retire la grasa que se haya formado en la salsa y deseche. Coloque la sartén sobre calor alto, hierva la salsa y cocine, moviendo, de 7 a 8 minutos, hasta reducir a la mitad. Integre la crema, pruebe y rectifique la sazón con sal, pimienta y jugo de limón, si lo usa. Vierta la salsa sobre el pollo y adorne con el cebollín, perifolio y el estragón restante. Sirva de inmediato.

ServSirva con un aromático Riesling seco o un vigoroso vino blanco de la Loire, como el Jasnières o el Sancerre.

2.25 kg (4½ lb) de piezas de pollo, de preferencia piernas con muslos

Sal y pimienta recién molida

3 cucharadas de aceite de oliva extra virgen

De 6 a 8 chalotes, aproximadamente 250 g (½ lb) en total, picados

3 dientes de ajo, picados

1 botella (750 ml) de Riesling seco

3 cucharadas (45 g/1½ oz) de piezas pequeñas de hongos secos como el chanterelle, setas, o fairy rings (senderuelas) (página 85)

2 tazas (500 ml/16 fl oz) de caldo de pollo

2 cucharadas de estragón fresco picado toscamente

¾ taza (180 ml/6 fl oz) de crema espesa (doble)

Unas cuantas gotas de jugo de limón fresco (opcional)

2 cucharadas de cebollín fresco picado

1 ó 2 cucharadas de perifolio

Rinde de 4 a 6 porciones

Pollos

En París, los mejores cocineros compran únicamente aves camperas, algunas de las cuales también llevan el nombre de *biologique* que indica que han sido criadas por medio de métodos orgánicos. Los compradores ya conocen la *Label Rouge* (Etiqueta Roja) un sistema de control de calidad establecido por el gobierno francés a mediados de los 1960s y aplicado hoy en día a todo tipo de aves. Asegura que el pollo es poulet fermier (criado en granja) alimentado principalmente con una dieta de granos en un medio ambiente que incluye, entre otras cosas, un gallinero con luz natural y suficiente espacio para que los pollos paseen.

Los Poulets de Bresse son considerados los pollos franceses de primera calidad. Son criados en planicies verdes en la zona de Bresse al este de Francia y su suave carne, de color amarillo claro, se debe a su alimentación a base de maíz remojado en leche. Los pollos de Bresse son perfectos para hacer una cena de pollo rostizado. Los *Poulets du Perigord*, del suroeste de Francia son pequeñas aves suculentas ideales para saltear. Los *Jaunes des Landes* (pies amarillos) y los *Noirs des Landes* (pies negros), ambos originarios de los bosques de arbustos y pinos de Landes, también al suroeste, son pollos buenos para cualquier uso.

RÔTI DE PORC AUX PARFUMS DE SOLEIL

Puerco Asado con Hinojo y Hierbas

Durante los meses fríos y grises del otoño e invierno, los parisinos a menudo sueñan con el soleado sur. Para iluminar sus días, en ocasiones preparan platillos inspirados en la Provenza como este sencillo asado, que lleva dos ingredientes provenzales de firma: hinojo con sabor a regaliz, que crece silvestremente en las montañas de la zona y se distribuye entre sus mercados y herbes de Provence, una mezcla de flores de lavanda, tomillo, albahaca, ajedrea y semillas de hinojo que también pueden contener mejorana, orégano y romero. El pernil de puerco (algunas veces etiquetado Boston butt) tiene una buena cantidad de grasa mezclada con carne magra, convirtiéndolo en una buena elección para este asado.

1 pernil de puerco sin hueso de 1.750 a 2 kg (3½–4 lb) enrollado y atado

5 dientes de ajo, machacados

3 cucharadas de perejil fresco liso (italiano) picado

2 cucharadas de salvia fresca picada

2 cucharadas de romero fresco picado

Sal y pimienta fresca molida

¾ taza (180 ml/6 fl oz) de vino blanco seco

3 cucharadas de aceite de oliva extra virgen

¼ cucharadita de herbes de Provence (vea Nota)

¼ cucharadita de semillas de hinojo

1 pimiento rojo (capsicum), sin tallos, venas ni semillas, finamente rebanado a lo largo

1 bulbo de hinojo, sin tallos ni frondas y partido a la mitad a lo largo, sin corazón y cortado a lo ancho en rebanadas delgadas

3 chalotes, finamente picados

½ taza (125 ml/4 fl oz) de caldo de pollo o ternera

Rinde de 4 a 6 porciones

1 Precaliente el horno a 180ºC (350ºF). Corte el cordón del asado, desenrolle y extienda poniendo la parte de la grasa hacia abajo sobre una superficie de trabajo. En un tazón pequeño, mezcle el ajo, perejil, salvia, romero, una pizca grande de sal, ¼ cucharadita de pimienta, 3 cucharadas del vino, el aceite de oliva, *herbes de la Provence* y las semillas de hinojo. Frote la mezcla sobre la carne, presionando para introducir pequeñas cantidades dentro de los grietas. Vuelva a enrollar la carne, ate con cordón de cocina y coloque dentro de un refractario grande.

2 Ase aproximadamente 1½ hora, hasta que un termómetro de lectura instantánea insertado en el centro de la carne registre 49ºC (120ºF). Retire del horno y rápidamente ponga los jugos de la base del refractario en un tazón, reserve. Acomode el pimiento y el hinojo alrededor de la carne. Vuelva a colocar el refractario en el horno y ase cerca de 30 minutos más, hasta que el pimiento se dore ligeramente en algunas partes y un termómetro de lectura instantánea insertado en el centro de la carne registre 60ºC (140ºF). Pase la carne y las verduras a un platón y cubra holgadamente para mantenerlo caliente.

3 Con ayuda de una cuchara, retire la grasa de la superficie de los jugos que reservó en el tazón, así como la grasa de los jugos de la sartén. Ponga los chalotes en la sartén, coloque sobre calor medio-alto y cocine, moviendo, cerca de 3 minutos, hasta que los chalotes se suavicen ligeramente. Agregue la ½ taza restante (125 ml/4 fl oz) más 1 cucharada de vino y los jugos reservados en el tazón y cocine, moviendo, de 5 a 6 minutos, hasta que el líquido se reduzca a 3 ó 4 cucharadas. Añada el caldo y continúe cocinando de 3 a 5 minutos más, hasta que el líquido se reduzca y se convierta en una salsa sazonada.

4 Corte el asado en rebanadas de aproximadamente 2 cm (¾ in) de grueso y acomode sobre platos individuales. Vierta la salsa sobre la carne y sirva con las verduras reservadas.

Sirva con un vino tinto joven y frutado como un Beaujolais de Fleurie.

CÔTES DE BOEUF AUX CAROTTES

Costillitas Braseadas con Zanahorias

Este es un platillo típico de la cocina hogareña de Francia, costillitas carnosas y trozos de zanahorias hervidos a fuego lento con algunos otros ingredientes que el parisino promedio, a menudo demasiado ocupado para cocinar, es feliz al descubrirlo como el plat du jour del bistro de su colonia. La medida generosa de comino, un reflejo de la influencia de la inmigración de África del norte a la cocina parisina, resalta la dulzura natural de las zanahorias, grandes ayudantes de la cocina francesa. Sirva las costillitas y las verduras en platos de sopa poco profundos cubriéndolas con la deliciosa salsa.

1 Precaliente el horno a 180°C (350°F). Sazone las costillitas generosamente con sal y pimienta. Caliente el aceite de oliva en una olla grande y gruesa que se pueda meter al horno sobre temperatura media-alta. Agregue las costillitas y dore por ambos lados, en tandas si fuera necesario, de 10 a 15 minutos por tanda. Retire la olla del fuego, vierta el aceite sobrante e integre el ajo y el comino picado. Vuelva a colocar la olla sobre calor medio-alto, agregue el caldo junto con el agua necesaria para cubrir las costillitas y hierva.

2 Tape la olla y hornee las costillas aproximadamente durante 30 minutos. Agregue los dientes de ajo enteros y las zanahorias a la olla. Continúe horneando cerca de 1 hora más, hasta que estén suaves.

3 Destape la olla y continúe horneando cerca de 30 minutos más, hasta que la carne y las zanahorias estén muy suaves y el líquido se reduzca para convertirse en una salsa sazonada. .

4 Retire la grasa que se haya formado en la salsa. Pase las costillitas, zanahorias y salsa a tazones individuales poco profundos y sirva. Este platillo es aún mejor si se sirve al día siguiente. Deje enfriar a temperatura ambiente, cubra y refrigere durante toda la noche. Al día siguiente, levante la grasa solidificada en la superficie y deseche. Recaliente las costillitas, zanahorias y salsa sobre calor medio y sirva. .

Sirva con un gran vino tinto redondo como el Cahors o el Syrah de Saint-Joseph.

De 1.500 a 1.750 kg (3–3½ lb) de costillitas de res con hueso

Sal y pimienta recién molida

3 cucharadas de aceite de oliva extra virgen

5 dientes de ajo, picados

1½ cucharada de comino molido

1½ taza (375 ml/12 fl oz) de caldo de res

1 cabeza de ajo, sus dientes separados, con piel

2 zanahorias grandes, sin piel y cortadas en trozos grandes

Rinde 4 porciones

Tiendas de Especialidades Gastronómicas

A muchos cocineros parisinos les gusta tener en su despensa especias y demás ingredientes de todo el mundo y uno de los mejores lugares de la ciudad para encontrarlos, desde *harissa y ras el hanout* hasta bulgur y arroz basmati, es el famoso Izraël Épicerie du Monde (4e). En el momento en que usted atraviesa la puerta, se encuentra inmerso en un mundo de aromas exóticos. El piso de la tienda es un océano de sacos abiertos y canastas llenas de granos, nueces y semillas de todo tamaño y grosor, mientras que las tinas multicolores, tarros y botes con condimentos internacionales, salsa mexicana, mostaza americana, salsa china de chile y docenas de hierbas y especias llenan los anaqueles.

Da Rosa (6e) es otra tienda visitada por los parisinos, entre los que se encuentran incluso compradores de los principales restaurantes y hoteles de la ciudad. Sin embargo, en esta tienda la gente busca los ingredientes para los alimentos franceses más finos, trufas, foie gras, quesos, aceites y vinagres, condimentos, dulces, etc., y su propietario, José Da Rosa, nunca los desilusiona. Además, la tienda es una belleza y el grupo de mesas y sillas que están en el exterior proporciona un buen punto de reunión para descansar y gozar de un antojito.

POULET RÔTI AUX ENDIVES ET AUX POMMES DE TERRE

Pollo Rostizado con Endivias y Papas

El poulet rôti es omnipresente en París, se vende en el interior de tiendas y en los mercados de la calle, se ofrece en los menús de los bistros y en la mesa de las comidas familiares de los domingos. En ocasiones especiales, el cocinero parisino asará un ave especial de Bresse (página 115) un área conocida por sus sabrosos pollos. La mayoría de las endivias de Francia se cultivan al norte de París, en Picardy y en el Pays du Nord. Las endivias asadas enteras son un platillo clásico, pero al separar y asar las hojas se resalta lo mejor de ellas, obteniendo el jugoso y agradable carácter amargo de esta verdura. Si se come con los jugos del pollo rostizado, tiene un sabor sublime.

1 pollo de 1.500 a
1.750 kg (3–3½ lb)

2 dientes de ajo, sin piel

2 cucharadas de hojas
de tomillo fresco

Sal y pimienta recién molida

3 cucharadas de aceite de
oliva extra virgen

1 limón, partido a la mitad

De 5 a 8 dientes de ajo, con piel

1 rama de romero fresco

500 g (1 lb) de papas cambray

Una pizca de azúcar

De 4 a 6 cabezas de endivias
belgas (chicorias/witloof),
aproximadamente750 g (1½ lb)
en total, con las hojas separadas

2 cucharadas de
mantequilla sin sal

Sal gruesa de mar

½ taza (125 ml/4 fl oz) de vino
blanco seco

1 taza (250 ml/8 fl oz)
de caldo de pollo

Algunas gotas de jugo
de limón fresco

Rinde 4 porciones

1 Coloque las rejillas del horno en el tercio inferior y superior del horno y precaliente el horno a 190ºC (375ºF). Enjuague el interior y exterior del pollo y seque con toallas de papel. En un mortero, usando su mano, machaque los 2 dientes de ajo sin piel con el tomillo y una pizca grande de sal y una de pimienta. Agregue 2 cucharadas del aceite de oliva y combine para hacer una pasta. Frote el interior y exterior del pollo con la pasta, introduciéndola en las grietas y dentro de las cavidades del cuerpo y cuello. Coloque las mitades de limón, dientes de ajo con piel y romero dentro de la cavidad del cuerpo. Coloque el pollo sobre su dorso en una rejilla en forma de V, engrasada con aceite, dentro de una charola para asar lo suficientemente grande para poder acomodar el pollo y eventualmente las papas. Ase sobre la rejilla inferior del horno durante 20 minutos.

2 Mientras tanto, coloque las papas en una olla con agua hasta cubrir por 5 cm (2 in) y agregue una pizca de sal y el azúcar. Hierva sobre temperatura alta, reduzca el calor a medio-alto y cocine cerca de 10 minutos, hasta que las papas estén suaves pero firmes. Escurra las papas y mezcle con la cucharada restante de aceite de oliva.

3 Retire la charola para asar del horno y voltee el pollo. Acomode las papas alrededor del pollo dentro de la charola y ase durante 20 minutos más. Voltee la pechuga del pollo hacia arriba, voltee las papas dentro del jugo de la charola y ase cerca de 20 minutos más, hasta que un termómetro de lectura instantánea, insertado en la parte más gruesa del muslo (pero que no toque el hueso), registre 77ºC (170ºF), o los jugos salgan claros al picar el muslo con un cuchillo. Las papas también deberán estar cocidas para este momento.

4 Cerca de 10 minutos antes de que el pollo y las papas estén listos, acomode las hojas de endivia en una sola capa sobre la charola para hornear. Corte 1 cucharada de la mantequilla en trozos pequeños y coloque sobre las hojas, espolvoree con sal gruesa. Coloque en la rejilla superior del horno y ase de 6 a 10 minutos, hasta que las hojas se empiecen a marchitar y sus orillas estén doradas en algunos puntos. No sobre cocine.

5 Pase el pollo, las papas y las hojas de endivia a un platón y cubra holgadamente con papel aluminio para mantenerlo caliente.

6 Con una cuchara, retire la grasa del jugo que se haya formado en la charola para asar. Coloque la charola sobre calor alto, agregue el vino y desglase la charola, moviendo para raspar los trozos dorados en el fondo de la olla. Cocine, moviendo, cerca de 5 minutos, hasta que se reduzca el líquido a 1 ó 2 cucharadas. Agregue el caldo y cocine de 5 a 10 minutos, hasta que se reduzca a 2 ó 3 cucharadas. Retire la salsa del fuego e integre la cuchara-da restante de mantequilla. Pruebe la salsa y rectifique la sazón con jugo de limón, sal y pimienta.

7 Parta el pollo, desechando el contenido de la cavidad y vierta el jugo que haya quedado dentro de ella y mezcle con la salsa. Acomode el pollo sobre un platón limpio y rodee con las papas y endivias. Vierta la salsa sobre el pollo. Sirva de inmediato.

Sirva con un inexorable Burgundy blanco como el Chablis si desea vino blanco. Elija un perfumado Beaujolais como el Fleurie si desea vino tinto.

GIGOT D'AGNEAU AUX ARTICHAUTS

Pierna de Cordero Asada con Alcachofas

El cordero en Francia es algo especial, y los compradores parisinos son capaces de preguntar a un carnicero el origen de una pierna del cordero antes de comprarla para preparar su platillo favorito para la comida del domingo. Por ejemplo, quieren saber si es de Sisteron en los Alpes-de-Haute-Provence, en donde los borregos comen hierbas y arbustos silvestres, o si es de las planicies de piedra caliza de Aveyron, hogar de los borregos alimentados en los valles de Lacaune, preciados tanto por su leche como por su sabrosa carne. O, pueden ir en búsqueda de un cordero etiquetado prés satés, que significa que el animal ha pastoreado sobre pantanos de agua salada cerca del mar, una dieta que produce una carne con un sabor muy particular.

1 Precaliente el horno a 190ºC (375ºF). Usando un cuchillo filoso, haga pequeñas incisiones de 5 a 7.5 cm (2-3 in) de separación sobre todo el cordero. Inserte algunas hojas de romero y una rebanada de ajo dentro de cada incisión, colocando las hojas en la incisión y empujándolas con el ajo. En un tazón pequeño, mezcle 1 cucharadita de sal, ¼ cucharadita de pimienta, el tomillo y el aceite de oliva y frote la mezcla sobre el cordero.

2 Coloque la grasa del cordero hacia arriba sobre una charola para asar, lo suficientemente grande para poder acomodar el cordero y eventualmente las alcachofas. Reparta los dientes de ajo enteros alrededor del cordero y ase durante 30 minutos.

3 Mientras tanto, prepare las alcachofas: Prepare un tazón grande con tres cuartas partes de agua y agregue el vinagre. Trabajando con 1 alcachofa a la vez, corte el tallo con la base, pele el tallo y póngalo en el agua con vinagre. Separe las hojas exteriores hasta que llegue a las suaves hojas interiores. Corte el tercio superior de las hojas de la alcachofa, retirando las puntas de las hojas. Parta la alcachofa en cuatro, a lo largo y, usando un cuchillo mondador, retire el corazón de cada cuarto de alcachofa. A medida que trabaje, agregue los cuartos de alcachofa al tazón con el agua con vinagre.

4 Llene una olla con tres cuartas partes de agua salada y hierva sobre calor alto. Escurra las alcachofas y sus tallos y colóquelos en el agua hirviendo. Cocine aproximadamente durante 3 minutos, escurra y reserve.

5 Retire la charola para asar del horno, voltee el cordero y ase durante 15 minutos más. Voltéelo una vez más y continúe asando hasta que un termómetro de lectura instantánea insertado en la parte más gruesa del cordero (pero sin tocar el hueso) registre 54ºC (130ºF) y hornee 35 minutos más si lo desea crudo o medio crudo. Aproximadamente 20 minutos antes de que esté listo el cordero, reparta las alcachofas alrededor de él y ase hasta que estén suaves. Deberán estar listas al mismo tiempo que el cordero. Para probar, pique con un tenedor. Pase el cordero, los dientes de ajo y las alcachofas a un platón de servicio y cubra holgadamente con papel aluminio para mantenerlos calientes.

6 Usando una cuchara, retire la grasa que se haya formado en el jugo de la charola para hornear. Coloque la charola sobre calor medio-alto, agregue el vino y desglase la charola, moviendo para raspar los trozos dorados de la base. Cocine, cerca de 10 minutos, moviendo hasta que el líquido se reduzca aproximadamente a la mitad. Agregue el caldo y cocine cerca de 5 minutos, hasta que se reduzca y forme una salsa sazonada y ligeramente espesa. Pruebe y rectifique la sazón con sal y pimienta.

7 Corte el cordero en rebanadas delgadas y acomode sobre un platón. Rodee con las alcachofas y dientes de ajo y humedezca la carne con la salsa. Adorne con ramas de romero y sirva de inmediato.

Sirva con un vigoroso vino tinto del sur como el Gigondas o el Bandol.

---

1 pierna de cordero, con hueso, de aproximadamente 2.250 kg (4½ lb)

3 cucharadas de hojas de romero fresco, más algunas ramas para adornar

8 dientes de ajo, en láminas

Sal y pimienta recién molida

½ cucharadita de tomillo seco

3 cucharadas de aceite de oliva extra virgen

1 cabeza de ajo, sus dientes separados, con piel

1 cucharada de vinagre de vino blanco o jugo de ½ limón

3 alcachofas grandes o 4 medianas, aproximadamente 1 kg (2 lb) en total

2 tazas (500 ml/16 fl oz) de vino tinto seco

1 taza (250 ml/8 fl oz) de caldo de res o ternera

Rinde de 4 a 6 porciones

BLANQUETTE DE VEAU

Ternera Asada

El término blanquette describe un método clásico para asar carne "blanca", por lo general ternera, aunque puede ser cordero, puerco o pollo. Es una preparación a la antigua, en la cual la carne se cocina en caldo ligero y el caldo se usa como base para una salsa blanca espesa hecha con crema y yemas de huevo. Lo más importante es que los ingredientes no deben dorarse durante el cocimiento, lo cual estropearía la blancura deseada del platillo. En esta receta, al igual que con tantos otros platillos parisinos de la actualidad, el tradicional blanquette ha sido actualizado con nuevas técnicas y sabores para crear una salsa ligeramente cremosa con un sabor fuerte e intrigante.

1.750 kg (3½ lb) de carne de ternera para cocido, sin hueso, sin exceso de grasa y cortada en trozos de 5 cm (2 in)

3 tazas (750 ml/24 fl oz) de caldo de pollo

1 taza (250 ml/8 fl oz) de vino blanco seco

3 ó 4 cucharadas de estragón fresco picado

2 ó 3 cucharadas de perejil fresco liso (italiano) picado

1 diente de ajo grande

2 chalotes, picados

2 cebollitas de cambray, sus partes blancas, finamente rebanadas

½ zanahoria, sin piel y partida en dados

½ tallo de apio, en dados

2 hojas de laurel

¼ cucharadita de ralladura de limón

1 taza (185 g/6 oz) de jitomates enlatados, en cubos

Una pizca grande de hilos de azafrán

Sal y pimienta recién molida

¾ taza (80 ml/6 fl oz) de crema espesa (doble)

2 yemas de huevo

Jugo de 1 limón

Rinde de 4 a 6 porciones

1 Coloque la ternera en una olla grande y agregue el caldo, vino y el agua necesaria para cubrir la carne con líquido. Hierva a temperatura alta e inmediatamente reduzca el calor a bajo y retire la grasa que se haya formado en la superficie.

2 Agregue 1 cucharada de estragón, 1 cucharada del perejil, el ajo, chalotes, cebollitas, zanahoria, apio, hojas de laurel, ralladura de limón y jitomates. En un mortero, machaque, con la mano del mortero, el azafrán y agregue aproximadamente la mitad a la olla. Sazone con sal y pimienta. Tape y hierva a fuego lento sobre temperatura muy baja de 2½ a 3 horas, hasta que la carne esté muy suave pero no se deshaga. Usando una cuchara ranurada, pase la carne a un tazón.

3 Retire la grasa que se haya formado en el líquido. Coloque la olla sobre calor alto y hierva cerca de 10 minutos, hasta que el líquido se reduzca aproximadamente a la mitad y tenga un intenso sabor. Retire y deseche las hojas de laurel. Agregue el azafrán restante y vuelva a colocar la carne en la olla con el líquido reducido. Baje la temperatura a media.

4 En un tazón pequeño, bata la crema con las yemas de huevo. Incorpore, batiendo, un cucharón lleno del líquido caliente reducido hasta integrar por completo. Vierta esta mezcla a la olla, moviendo con una cuchara de madera, hasta que se forme una emulsión cremosa. Continúe cocinando sobre calor medio de 3 a 4 minutos, hasta que la salsa se espese ligeramente, teniendo cuidado de no revolver las yemas. La carne ahora deberá estar totalmente caliente. Integre el jugo de limón. Pruebe y rectifique la sazón con sal y pimienta.

5 Pase el asado a un tazón de servicio, espolvoree con el estragón y perejil restante y sirva.

Sirva con un vigoroso vino blanco como el Sancerre, Chablis o Aligoté.

MAGRETS DE CANARD AUX FIGUES ET AU PORTO

Pechugas de Pato con Higos y Oporto

El chef Jean-Claude Boucheret, un instructor de Le Cordon Bleu en París, creó este platillo con Oporto reducido, el cual demostró en una de sus clases. Rocío el Oporto reducido alrededor de puré de papas al albahaca servido con huevos horneados estilo poché con trufas, el Oporto también es ideal con magrets de canard (pechugas de pato). Los mejores magrets vienen del suroeste, en donde las aves son criadas a base de maíz de la mejor calidad para producir el foie gras. Tanto el pato como el Oporto combinan a la perfección con los higos de Provenza de fines de verano. Durante el otoño, delgadas rebanadas de manzana son un buen sustituto.

1 Usando un cuchillo filoso, retire la piel de cada pechuga de pato en un patrón a cuadros, teniendo cuidado de no cortar la carne. Bañe ambos lados con 2 ó 3 cucharadas de Oporto. Sazone con sal y pimienta y presione la albahaca sobre ambos lados. Deje reposar a temperatura ambiente durante 30 minutos. Mientras tanto, vierta el Oporto restante en una salsera y hierva sobre calor medio-alto. Reduzca el calor a medio-bajo y cocine de 10 a 15 minutos, hasta que se reduzca a ¼ de taza (60 ml/2 fl oz). Pase a un tazón y reserve.

2 Derrita la mantequilla en una sartén grande para freír sobre temperatura media-alta. Agregue los higos y cocine por ambos lados cerca de 2 minutos, hasta que se suavicen. Pase a un plato y manténgalos calientes. Coloque las pechugas de pato, con el lado de la piel hacia abajo, en la sartén y cocine cerca de 4 minutos sobre temperatura media-alta hasta dorar. Voltee y cocine cerca de 2 minutos más por el segundo lado, hasta que se doren y que al presionarlas se sientan ligeramente suaves. Pase a un plato y mantenga caliente.

3 Vierta los jugos de la sartén en un tazón pequeño; reserve. Vierta el vino tinto en la sartén para freír, hierva sobre temperatura alta y cocine, moviendo, aproximadamente 5 minutos, hasta que se reduzca a 2 cucharadas. Mientras tanto, retire la grasa que se forme en los jugos del tazón. Incorpore a la sartén con el caldo y cocine aproximadamente 5 minutos más, hasta que se reduzca a ¼ de taza. Incorpore el Oporto reducido y los higos.

4 Corte las pechugas de pato haciendo rebanadas en diagonal y acomode sobre platos individuales. Coloque la salsa y los higos alrededor y encima del pato y sirva de inmediato.

Sirva con un Côtes-du-Rhône seco, con sabor a especias y hierbas o un tinto aterciopelado como el Saint-Émilion.

6 mitades de pechuga de pato, sin hueso, aproximadamente de 220 g (7 oz) cada una, enjuagadas y secas

2 tazas (500 ml (16 fl oz) de Oporto

Sal gruesa de mar y pimienta recién molida

De 8 a 10 hojas de albahaca fresca, trituradas o finamente picadas

2 ó 3 cucharadas de mantequilla sin sal

8 higos frescos, tipo Misión negros, aproximadamente 375 g (¾ lb) en total, partidos a la mitad a lo largo

½ taza (125 ml/4 fl oz) de vino tinto seco como el Côtes-du-Rhône

2 tazas (500 ml/16 fl oz) de caldo de pollo o res, o una combinación

Rinde 6 porciones

Le Cordon Bleu

Fundado en 1895, Le Cordon Bleu (15e) es sinónimo de cocina francesa. Con veintidós escuelas alrededor del mundo, es algo más que una famosa escuela de cocina; es el embajador culinario internacional para la cocina y cultura de Francia. Desde sus primeros años, la escuela ha tenido una mezcla de estudiantes, profesionales de la cocina y entusiastas cocineras caseras, preparándolos a todos ellos para una vida educada con el fin de comer y cocinar bien.

En una clase típica para estudiantes que van a convertirse en chefs, el instructor presenta tres platillos, mostrando un ejemplo de cada platillo básico. Los platillos se presentan por lo general en tres estilos diferentes, que varían entre lo más tradicional y formal hasta lo más moderno y casual. Cada platillo lleva varios procedimientos y pasos y cada procedimiento se puede variar para acoplarse a cada estación en particular, darle un sabor personal o cierto nivel de formalidad. Usted no puede aspirar a convertirse en chef sin aprovechar lo que Le Cordon Bleu le ofrece. La escuela también tiene sesiones de un día, prácticas, visitas guiadas a los mercados de París y cursos no profesionales.

POISSON AU FOUR, SAUCE À L'OSEILLE

Pescado al Horno con Acedera a la Bernesa

La salsa bernesa se encuentra entre las "salsas madres" de la cocina francesa. En otras palabras, es una salsa importante con cierto derecho pero también es la base para otras salsas, como esta salsa con sabor a acedera. Es una mezcla espesa y cremosa de reducción de vino con sabor a chalote y hierbas, yemas de huevo y mantequilla. Hay varias versiones acerca de su origen, siendo la más apoyada la que dice que viene de la región de Béarn, no se sabe el año. Al incorporarle crema le ayuda a estabilizarla por lo que es menos probable que se separe y se puede tener fuera del quemador (pero sobre el agua caliente) durante 30 minutos. Bata la salsa ocasionalmente para evitar que se le forme una nata en la superficie.

½ taza (125 g/4 oz) de mantequilla sin sal, más 3 cucharadas

1 manojo pequeño de acedera (página 186) aproximadamente 15 g (½ oz)

¼ taza (60 ml/2 fl oz) de vino blanco seco

1 cucharada de vinagre de vino blanco

½ chalote, picado

1 cucharadita de estragón fresco picado

2 yemas de huevo

2 cucharadas de crema espesa (doble)

Una pequeña pizca de pimienta de cayena

Sal y pimienta negra recién molida

1 zanahoria, sin piel

1 tallo de apio

½ poro, incluyendo sus partes suaves de color verde

¼ de pepino inglés (hothouse)

2 chalotes, picados

2 dientes de ajo, picados

6 filetes de pescadillas, rodaballo, o salmón, de 155 a 185 g (5–6 oz) cada uno

Jugo de ¼ limón o al gusto

1 hoja de laurel

2 cucharaditas de tomillo de limón fresco picado o tomillo inglés

1 ó 2 cucharaditas de cebollín fresco picado

Rinde 6 porciones

1 Corte 2 cucharadas de la mantequilla en 6 trozos y refrigere. En una olla pequeña sobre calor bajo, derrita 6 cucharadas (90 g/3 oz) de la mantequilla y deje sobre calor bajo 1 ó 2 minutos, hasta que se aclare y sus sedimentos se depositen en el fondo. Retire la espuma que se haya formado en la superficie, retire del calor y vierta cuidadosamente el líquido claro y dorado hacia un tazón pequeño, dejando los sólidos lechosos en la base de la sartén. Reserve la mantequilla derretida.

2 Corte la gran costilla central de cada hoja de acedera y deseche. Coloque las hojas en una pila, dóblelas y rebane delgado haciendo una chiffonade, gire la pila y repita la operación picando toscamente. Reserve.

3 En una olla pequeña, sobre temperatura media-alta, mezcle el vino, vinagre, ½ chalote picado, estragón y 1 cucharada de agua. Hierva y cocine cerca de 3 minutos, hasta que el líquido se reduzca a 1 cucharada aproximadamente. Cuele a través de un colador de malla fina sobre un tazón, presionando sobre los sólidos con el dorso de una cuchara para sacar todo el líquido. Deseche los sólidos. Deje enfriar el líquido 2 ó 3 minutos.

4 En un refractario, bata las yemas de huevo. Agregue la mezcla de vino y bata hasta espesar ligeramente. Coloque el tazón (pero sin tocar) sobre agua hirviendo lentamente y agregue los trozos de mantequilla fría, batiendo constantemente, hasta que la mezcla empiece a espesar ligeramente. Integre, batiendo, la mantequilla reservada, 1 ó 2 cucharadas a la vez, batiendo continuamente para formar una emulsión, hasta que la mezcla haya espesado. (Si la mezcla se cocina demasiado rápido en este momento, coloque el tazón dentro de otro tazón con agua con hielo y bata constantemente). Vuelva a colocar dentro del agua hirviendo. Incorpore la crema,

batiendo, e integre la acedera mezclando bien. Agregue la pimienta de cayena y sazone al gusto con sal. Mantenga la salsa caliente sobre el agua y sirva durante los siguientes 30 minutos.

5 Precaliente el horno a 190°C (375°F). Usando un cuchillo filoso o una mandolina, corte la zanahoria, apio, poro y pepino en juliana fina. Reserve.

6 En una sartén antiadherente, pequeña y gruesa, sobre calor medio, derrita las 3 cucharadas restantes de mantequilla. Agregue los 2 chalotes picados y el ajo y saltee cerca de 5 minutos, hasta suavizar. Coloque la mitad de los chalotes y ajo en la base de un refractario lo suficientemente grande para poder acomodar el pescado en una sola capa dejando una separación de 2.5 cm (1 in) entre los filetes. Acomode el pescado sobre ellos y bañe con jugo de limón. Agregue los chalotes y ajo restantes sobre el pescado y rodee con las verduras reservadas, hoja de laurel y tomillo. Sazone al gusto con sal y pimienta negra.

7 Tape el refractario con papel aluminio y hornee aproximadamente durante 10 minutos, hasta que el pescado se vea opaco en el centro al picarlo con un cuchillo.

8 Retire el pescado del horno. Para servir, divida el pescado y las verduras uniformemente entre los platos individuales. Cubra con un poco de salsa y adorne con el cebollín y pimienta negra al gusto. Sirva la salsa restante en un tazón pequeño de servicio y pase a la mesa.

Sirva con un vigoroso y cremosos vino Burgundy blanco como el Chablis o el Aligoté.

CUISSES DE CANARD AU CHOU

Piernas de Pato Asadas con Col

La mezcla de especias en este platillo clásico es ligeramente exótica, refleja la influencia de una colonia antigua, Vietnam, pero ha sido introducida con gran suavidad para lograr una presentación francesa tradicional, que tipifica exactamente el estilo de la comida parisina. Si lo desea, puede agregar al pato especias en una manera más formal, simple y sencillamente con un manojo de hojas de tomillo fresco mezcladas con la pasta de brandy y ajo machacado. La col es popular en Francia, especialmente entre los cocineros del norte del país, a quienes les gusta combinarlo con carne asada al horno. Se cultiva en otoño, y sus cabezas color verde claro son grandes con sedosas, suaves y onduladas hojas; y tiene un sabor más suave que la col verde.

1 Precaliente el horno a 180°C (350°F). En un tarro pequeño, mezcle el polvo de cinco especias, comino, tomillo, paprika, pimienta de jamaica y cayena. Reserve la mezcla. Coloque en un mortero los dientes de ajo y, usando la mano del mortero, machaque con varias pizcas grandes de sal, hasta que se forme una pasta. Integre 2 cucharadas del Cognac.

2 Retire el exceso de grasa de las piernas de pato. Enjuague las piernas y seque con toallas de papel. Usando un tenedor, pique la piel del pato, teniendo cuidado de no picar la carne. Frote el pato con la pasta de ajo y espolvoree generosamente con 1 ó 2 cucharaditas de la mezcla de especias. Envuelva las piernas en plástico adherente y refrigere por lo menos 1 hora o durante toda la noche.

3 Reparta las ramas de romero en la base de una sartén grande para asar. Coloque las piernas de pato en una sola capa dentro de la sartén, sin que se toquen, y ase 30 minutos. Retire la grasa que se haya formado en la sartén a medida que se vaya acumulando; si hay demasiada grasa caliente se puede prender en llamas y puede hacer que el pato sepa grasoso. Reparta la zanahoria y el chalote alrededor del pato y continúe asando cerca de 30 minutos más, hasta que las piernas de pato estén crujientes y bien doradas.

4 Mientras tanto, en una olla grande y gruesa de material no reactivo, sobre calor medio-alto, derrita la mantequilla. Agregue la col y cocine, cerca de 7 minutos, moviendo hasta que se marchite. Agregue 2 ó 3 cucharadas de agua, reduzca la temperatura a baja, tape y cocine aproximadamente 30 minutos, hasta que esté muy suave. Integre la crema, eleve la temperatura a media-alta y cocine, sin tapar y moviendo, cerca de 15 minutos, hasta que el líquido prácticamente se haya evaporado. Retire del fuego, tape y mantenga caliente.

5 Usando una cuchara ranurada, retire la zanahoria y el chalote de la sartén y pase a una olla gruesa. Tape las piernas de pato de la sartén holgadamente con papel aluminio para mantenerlas calientes y reserve. Agregue el bouquet garni, las 3 cucharadas restantes de Cognac, ajo rebanado, vino, caldo y pasta o puré de tomate a la olla con las zanahorias y hierva sobre fuego alto. Reduzca la temperatura a media y hierva, sin tapar, de 15 a 20 minutos, hasta que el líquido se reduzca una cuarta parte. Agregue varias pizcas generosas de la mezcla de especias restante. Cuele a través de un colador de malla fina hacia un tazón, presionando con el dorso de una cuchara para extraer todo el líquido. Deseche los sólidos. Vuelva a poner la salsa en la olla.

6 Pase las piernas de pato a un platón precalentado y cubra holgadamente con papel aluminio para mantenerlas calientes. Vierta los jugos de la sartén hacia un tazón pequeño, reservando la sartén. Deje reposar los jugos unos minutos, retire la grasa que se haya formado en la superficie. Agregue los jugos a la salsa.

7 Coloque la sartén sobre calor medio-alto, integre la salsa y cocine, cerca de 5 minutos, moviendo para raspar los trocitos dorados que hayan quedado, hasta que la salsa quede enriquecida con los jugos de la sartén y los trocitos dorados. Pruebe y rectifique la sazón con sal y pimienta negra. Para servir, coloque una pila de col en platos individuales. Coloque las piernas de pato sobre la col y bañe con la salsa.

Sirva con un vino blanco semi seco y perfumado como el Gewürztraminer o un redondo Burgundy rojo como el Gevrey-Chambertin.

1 cucharada de polvo de cinco especias (página 185)

1 cucharadita de comino y la misma cantidad de tomillo seco y paprika

Una pizca grande de pimienta de jamaica (allspice)

5 dientes de ajo

Sal y pimienta negra, recién molida

5 cucharadas (80 ml/3 fl oz) de Cognac (página 185) o brandy

4 piernas de pato con muslo, de 1.500 a 2 kg (3–4 lb) en total

De 3 a 5 ramas de romero fresco

1 zanahoria, sin piel y cortada en dados

1 chalote, picado

4 ó 5 cucharadas (60 a 75 g/2-2½ oz) de mantequilla sin sal

1 col, aproximadamente 1 kg (2 lb), sin corazón y en rebanadas delgadas

3 cucharadas de crema espesa (doble)

1 bouquet garni (página 185)

1 diente de ajo, rebanado

1 taza (250 ml/8 fl oz) de vino tinto seco

2 tazas (500 ml/8 fl oz) de caldo de pollo o res, o una combinación de ambos

1 cucharada copeteada de pasta o puré de tomate

Rinde 4 porciones

BOEUF EN DAUBE
Carne de Res en Vino Tinto

El término daube se refiere típicamente a un delicioso y sazonado asado de res en vino tinto. Ocasionalmente los daubes están hechos de otras carnes, como el clásico daube de cordero de Avignon. Los chefs contemporáneos de los bistros parisinos algunas veces varían la norma, sirviendo un daube de res de Provenza hecho con vino blanco, jitomates y aceitunas. Sin importar el origen del daube, por lo general se le agrega a la olla una pata de puerco o res, ya que imparte una consistencia suave y gelatinosa. También puede hacerlo con este platillo, posteriormente deseche la pata una vez cocida. Acompañe el guisado con puré de cepa de apio.

1.5 kg (3 lb) de solomillo de res, limpio y cortado en trozos de 5 cm (2 in)

3 cucharadas de Cognac (página 185) o brandy

2 clavos enteros

2 cebollas amarillas o blancas, picadas toscamente

½ zanahoria, sin piel y rebanada

1 tallo de apio, rebanado

8 dientes de ajo, picados toscamente

1 hoja de laurel

4 ó 5 hojas de salvia fresca, picadas toscamente

2 cucharadas de perejil fresco liso (italiano) picado

1 ó 2 cucharaditas de hojas de tomillo fresco

Pimienta, molida grueso

2 tiras largas de ralladura de naranja

1 botella (750 ml) de vino tinto seco

2 cucharadas (30 g/1 oz) de trozos de hongos cema secos (página 185)

3 rebanadas (75 g/2½ oz) de tocino curado, sin ahumar, como la pancetta, en dados o el lardons francés (página 186)

Sal y pimienta, recién molida

4 tazas (1 l/32 fl oz) de caldo de res

3 cucharadas de jugo de tomate

Rinde 6 porciones

1 En un tazón grande de material no reactivo, mezcle la carne de res, Cognac, clavos, cebollas, zanahoria, apio, ajo, hoja de laurel, salvia, perejil, tomillo, ¼ cucharadita de pimienta molida toscamente, la ralladura de naranja, vino y hongos. Cubra y refrigere durante la noche o hasta por 2 días.

2 Deje que la carne y las verduras reposen a temperatura ambiente. Usando una cuchara ranurada, páselas a un platón y seque la carne con toallas de papel. Reserve la marinada restante.

3 Precaliente el horno a 165ºC (325ºF). En una olla térmica, grande y gruesa (de preferencia antiadherente) sobre calor medio, fría el tocino de 3 a 5 minutos, hasta que suelte su grasa. Usando una cuchara ranurada, pase a toallas de papel para escurrir, reservando la grasa en la sartén. Trabajando en tandas, agregue la carne y las verduras y dórelas por todos lados, cerca de 7 minutos para cada tanda, sazonando con sal y pimienta a medida que se doran. Pase a un platón. Agregue la marinada a la olla, eleve la temperatura a alta y hierva. Reduzca el calor a medio y hierva a fuego lento, cerca de 8 minutos más,

retirando la espuma que se forme en la superficie, hasta que el líquido se reduzca a una tercera parte. Añada el caldo y hierva a fuego lento hasta que se reduzca a una tercera parte.

4 Reduzca el calor a bajo y vuelva a poner la carne, verduras y tocino reservado dentro de la olla. Tape y cocine en el horno de 2½ a 3 horas, hasta que la carne esté suave.

5 Usando una cuchara ranurada, pase la carne y las verduras a un plato. Con ayuda de una cuchara, retire la grasa que se haya formado en el líquido cocido. Coloque la olla sobre calor alto y cocine, moviendo, cerca de 10 minutos, hasta que el líquido se reduzca aproximadamente a la mitad y tenga un delicioso sabor. Vuelva a colocar la carne y las verduras en la olla e integre el jugo de tomate. Pruebe y rectifique la sazón con sal y pimienta. Pase a tazones individuales y sirva de inmediato.

Sirva con un cordial Burgundy como el Gevrey-Chambertin o el Vosne-Romainée, o con un profundo y oscuro Malbec como el Cahors.

POT-AU-FEU DE FRUITS DE MER
Guisado de mariscos mixtos

El pot-au-feu, esta suculenta comida, cocinada en una sola olla, ha sido parte de la cocina francesa durante siglos. Tradicionalmente, incluye diferentes cortes de carne de res y una variedad de verduras hervidas a fuego lento en una generosa medida de líquido au feu, "sobre el fuego", hasta que la carne esté tan suave que se pueda cortar con un tenedor. En la mayoría de las casas este platillo se sirve en dos platos, poniendo el caldo en platos de sopa poco profundos como entrada y posteriormente sirviendo la carne y las verduras sobre un platón como plato principal. En esta receta, el pot-au-feu se hace con mariscos, en el estilo más ligero del París moderno. Acompañe cada porción con un traste pequeño de barro con aïoli.

1 Corte el jitomate en dados. Pique finamente el poro, sólo la parte blanca. Reserve. Pele y corte en dados la zanahoria y corte las calabacitas en tiras pequeñas de 7.5 cm (3 in) y 12 mm (½ in) de grueso. Reserve en platos separados

2 En una olla grande sobre calor alto, mezcle los caldos de pescado y pollo, jitomate, apio, poro, pastis, ajo, hoja de laurel, semillas de mostaza, perejil y tomillo. Hierva, reduzca la temperatura a media y hierva a fuego lento durante 30 minutos. Cuele a través de un colador de malla fina sobre un tazón, presionando con el dorso de una cuchara para extraer todo el líquido. Deseche los sólidos. Vierta el caldo hacia una jarra grande de medir y agregue agua hasta obtener 4 tazas (1 l/32 fl oz). Vuelva a colocar el líquido en la olla.

3 Parta las papas a la mitad y agregue al caldo. Hierva a fuego medio, tape y cocine de 10 a 15 minutos, hasta que las papas estén tiernas. Usando una cuchara ranurada, pase las papas a un platón y cubra para mantenerlas calientes. Agregue la zanahoria al caldo hirviendo y cocine a fuego lento cerca de 5 minutos, hasta que estén suaves y de color brillante. Usando una cuchara ranurada, pase a un platón. Repita la operación con las calabacitas, cocinándolas cerca de 5 minutos, hasta que estén suaves.

4 Talle los mejillones y almejas a la perfección, retirando las barbas de los mejillones. Agregue los mejillones, desechando aquellos que no se cierren al tacto, al caldo hirviendo a fuego lento, tape y cocine cerca de 5 minutos, hasta que se abran los mejillones. Usando una cuchara ranurada, páselos a un platón, desechando aquellos que no se hayan abierto. Ponga las almejas en el caldo, una vez más desechando aquellas que no se cierren al tacto y cocine, tapadas, durante 5 minutos, hasta que se abran. Usando la cuchara ranurada, pase las almejas al platón, desechando aquellas que no se hayan abierto.

5 Mientras tanto, corte el filete de robalo en 4 ó 6 piezas, el callo de hacha en trozos pequeños, los cuerpos de los calamares en anillos delgados y los tentáculos del calamar en trozos del tamaño de un bocado. Después de retirar las almejas, agregue el robalo y el callo de hacha al caldo y cocine 1 ó 2 minutos, hasta que la carne esté opaca. Pase a un platón. Cocine los calamares y camarones juntos justo hasta que los camarones se tornen rosados, de 1 a 2 minutos. Pase a un platón. Pele los camarones.

6 Coloque el caldo sobre calor alto, hierva y cocine cerca de 10 minutos, hasta reducir a 2 tazas aproximadamente (500 ml/16 fl oz). Añada jugo de limón.

7 Divida las verduras y mariscos uniformemente entre 4 ó 6 platos de sopa poco profundos. Vierta el caldo reducido y sirva de inmediato. Acompañe con el *aïoli*.

Sirva con un vino provenzal blanco de verano, muy frío como el Cassis o un rosado de Bandol.

---

1 jitomate maduro

1 tallo de apio y uno de poro

1 zanahoria y una calabacita (courgette)

2 tazas (500 ml/16 fl oz) de caldo de pollo y la misma cantidad de caldo de pescado

2 cucharadas de pastis

2 dientes de ajo, finamente rebanados

1 hoja de laurel

1 cucharada de semillas de mostaza

1 ó 2 cucharadas de perejil fresco liso (italiano) picado

Una pizca grande de hojas de tomillo fresco

15 diminutas papas cambray

500 g (1 lb) de mejillones

500 g (1 lb) de almejas

1 filete de robalo, aproximadamente de 250 g (½ lb)

6 callos de hacha, aproximadamente 375 g (¾ lb) en total

2 calamares, pida al pescadero que los limpie

250 g (½ lb) de camarones grandes (langostinos) con cáscara

Jugo de ½ limón, o al gusto

Aïoli (página 185), para acompañar

Rinde de 4 a 6 porciones

LES LÉGUMES

La mesa parisina ofrece todo un calidoscopio de platillos hechos con verduras, todos ellos

mostrando la riqueza de las estaciones de los excepcionales mercados de la ciudad.

El platillo principal de un parisino nunca va sin una guarnición de verduras. Un plato principal sencillo, como un asado de pollo o un filete a la parrilla, quizás vaya acompañado de un delicioso gratín de papas, una colorida mezcla de calabacitas (courgettes) y jitomates, o ejotes perfumados con una mantequilla de hierbas. Algunas veces se sirven pequeñas cebollas fragrantes hervidas en vino tinto a fuego lento en el recipiente en que se hirvieron, para mantenerlas calientes durante la comida. También se puede ofrecer en un tazón un cremoso y caliente puré de cepa de apio (celeriac). En todo caso, estos platillos frescos del huerto reflejan consistentemente el espíritu de las temporadas y complementan el platillo principal.

FLAGEOLETS AU BEURRE DE CERFEUIL

Flageolets con Mantequilla de Perifolio

Los flageolets son pequeños frijoles ovalados, siendo las más comunes las de color verde claro. Tienen una consistencia delicada, cremosa y suave, y su sabor es muy especial. En un platillo típico de una braserie parisina se pueden ver como guarnición de un cordero asado. En esta receta, vienen revestidos de un poco de mantequilla sazonada con ajo, perejil y perifolio, este último una hierba favorita de los chefs franceses. Si no puede encontrar frijoles flageolets frescos ni secos, busque enlatados y sustituya por 2 tazas (440 g/14 oz) enjuague y escurra; omita la cocción y en su lugar, caliéntelas en unas cuantas cucharadas de agua hasta que estén bien calientes, escurra y agregue la mezcla de mantequilla.

750 g (1½ taza) de flageolets frescos en vaina o ¾ taza (170 g/5½ oz) de flageolets secos

1 diente de ajo

Sal

1 cucharada de perejil fresco liso (italiano) picado

1 cucharada de perifolio fresco picado

4 cucharadas (60 g/2 oz) de mantequilla sin sal, a temperatura ambiente

Rinde 4 porciones

1 Si usa frijoles frescos, retire la vaina y deséchela; deberá tener entre 1½ y 2 tazas (330 a 440 g/10 ½–14 oz) de frijoles sin vaina. Si usa frijoles secos, límpielos, desechando las piedras y los frijoles defectuosos, enjuague y coloque en una olla con agua para cubrir por 7.5 cm (3 in). Hierva sobre calor medio-alto y cocine, sin tapar, durante 10 minutos. Retire del calor, tape y deje remojar durante 1 hora, escurra.

2 Coloque los frijoles frescos o secos remojados en una olla con agua hasta cubrir por 5 cm (2 in) y hierva sobre temperatura alta. Reduzca el calor a bajo y hierva, sin tapar, hasta que estén muy suaves, aproximadamente 10 minutos para frijoles frescos o cerca de 1 hora para los secos.

3 Mientras tanto, en un mortero, con su mano, machaque el ajo y 1 ó 2 pizcas de sal hasta formar una pasta. O, si lo desea, mezcle el ajo y la sal en un procesador de alimentos pequeño y haga una pasta. Agregue el perejil y el perifolio y golpee o muela hasta integrar por completo, incorpore la mantequilla.

4 Cuando los frijoles estén listos, escurra y coloque en un tazón de servicio. Agregue el perifolio y mezcle para cubrir los frijoles uniformemente. Sirva de inmediato.

GRATIN DAUPHINOIS

Papas al Horno en Crema

Este gratín de papas es de lo más sencillo: no lleva queso ni cebolla, únicamente papas, mantequilla y crema con un poco de ajo. La receta se originó en Dauphiné, una región de montañas, bosques y pastizales que se extiende entre Saboya, con sus lagos alpinos y nevados picos, y Provenza hogar del sol brillante y la lavanda. En los menús de los bistros, este delicioso gratín, que a menudo se sirve como guarnición de carne o pollo asado, compite con los ricos y populares platillos de papas, desde docenas de variedades para el gratín hasta con los suaves purés y pommes de terre sautées.

1 Precaliente el horno a 190ºC (375ºF). Engrase con mantequilla un refractario con capacidad de 3 l(3 qt) y cerca de 9 cm (3½ in) de profundidad. Coloque aproximadamente la mitad del ajo sobre la base y los lados del refractario.

2 Usando una mandolina o un cuchillo filoso, corte las papas en rebanadas de aproximadamente 3 mm (1/4 in) de grueso. Acomode una capa de rebanadas de papa en el plato preparado, sobreponiéndolas ligeramente si lo desea, sazone con sal y pimienta y cubra uniformemente con algunas cucharadas de crema. Espolvoree ligeramente con un poco del ajo restante. Repita la operación hasta terminar con las papas y el ajo. Vierta la crema restante y trozos de mantequilla.

3 Hornee las papas hasta que estén muy suaves, hayan absorbido toda la crema y estén doradas en la superficie de 1 a 1½ hora. Para ayudar al gratín a desarrollar una corteza agradable y crujiente, eleve la temperatura a 200ºC (400ºF) durante los últimos 10 ó 15 minutos.

4 Sirva el gratín directamente del refractario, adornando cada porción con un poco de cebollín y perejil.

De 3 a 5 dientes de ajo, picados

1.750 a 2 kg (3½–4 lb) de papas russet, sin piel

Sal y pimienta, recién molida

1 taza (250 ml/8 fl oz) de crema espesa (doble)

4 cucharadas (60 g/2 oz) de mantequilla sin sal, cortada en trozos

2 cucharadas de mezcla de cebollín y perejil liso (italiano) fresco, picados

Rinde de 4 a 6 porciones

Gratinados

Un gratín por definición tiene una cubierta dorada y crujiente y aunque muchos cocineros esparcen queso o migas de pan sobre la superficie para lograr este resultado, le *vrai gratin dauphinois* está hecho sin cubierta (vea nota superior). En su lugar, la dorada corteza se desarrolla dentro del horno caliente o durante un momentito bajo el asador. Dauphine se reconoce como la tierra del gratín, siendo el de papas el más famoso de todos. De hecho, también son comunes una gran variedad de gratinados de verduras, mariscos y pastas.

Sin embargo, los gratinados no se limitan a Dauphiné. Se preparan por toda Francia y son muy populares en París. Una investigación llevada a cabo durante todo un año sobre los menús de bistros en París demostró que los gratinados de la ciudad van de acuerdo a la temporada; pequeños espárragos o poros en la primavera, calabacitas (courgettes) y jitomates en verano, hongos silvestres o coliflor en el otoño y pequeñas cebollas rebanadas y quesos en invierno.

Para conseguir el plato indicado para hornear su gratín, visite E. Dehillerin (1e), una tienda famosa de utensilios de cocina que está llena de piso a techo con utensilios de cocina para cocineros profesionales y caseros.

COURGETTES À LA NIÇOISE
Calabacitas y Jitomates Salteados

El momento en que aparecen verduras de clima cálido en los mercados de París, es el tipo de ingrediente que se encuentra en los bistros locales. Pueden encontrarse acompañando un sencillo pescado o cordero asado, alrededor de huevos horneados en un refractario individual (ramekin), servidas sobre un croque-monsieur (un sándwich asado de jamón y queso), o como relleno de deliciosas crèpes. Todos los ingredientes: calabacitas, jitomates, ajo y aceite de oliva de esta receta, proporcionan los sabores clásicos de la Côte d´Azur, la Riviera francesa bañada por el sol. Este platillo también se puede hacer con uno o dos días de anticipación. Incluso sabrá mejor, ya que los sabores tendrán más tiempo para combinarse.

3 dientes de ajo

Sal

De 3 a 5 cucharadas (45 a 80 ml/1½–3 fl oz) de aceite de oliva extra virgen

3 cebollas amarillas o blancas, cortadas a lo largo

750 g (1½ lb) de calabacitas (courgettes), cortadas en trozos de 12 mm (½ in)

½ pimiento amarillo (capsicum) sin tallo, venas ni semillas, cortado en dados

½ pimiento rojo (capsicum) sin tallo, venas ni semillas, cortado en dados

750 g (1½ lb) de jitomates maduros, sin semillas y en dados

2 cucharadas de pasta de jitomate o la necesaria

Aproximadamente ¼ cucharadita de tomillo fresco, finamente picado

1 cucharada de perejil fresco liso (italiano) picado

Rinde de 4 a 6 porciones

1 En un mortero, usando una mano, machaque el ajo con una pizca grande de sal, hasta que se forme una pasta. Reserve.

2 En una sartén grande sobre calor medio-alto, caliente el aceite de oliva. Agregue las cebollas y saltee de 6 a 7 minutos, hasta suavizar. Agregue las calabacitas y pimientos y cocine, moviendo, de 5 a 8 minutos, hasta que las calabacitas empiecen a suavizarse.

3 Agregue la mitad de la pasta de ajo, los jitomates, las 2 cucharadas de pasta de jitomate y el tomillo.

Mezcle. Reduzca a fuego bajo, tape y cocine, moviendo ocasionalmente, de 20 a 25 minutos, hasta que las calabacitas y las cebollas estén muy suaves. Si la mezcla está demasiado espesa, agregue un poco de agua; si está demasiado líquida, agregue 1 cucharada de pasta de jitomate y cocine, sin tapar, unos cuantos minutos más para evaporar el exceso de líquido.

4 Integre la pasta de ajo restante y el perejil. Sirva caliente o a temperatura ambiente.

LENTILLES TIÈDES À LA VINAIGRETTE

Lentejas Calientes con Vinagreta

La mayoría de las lentejas que se venden en Francia son pequeñas, planas y verdes, siendo las diminutas lentejas de Le Puy la variedad más preciada. Estas legumbres rústicas se preparan de diferentes formas: mezcladas, cuando aún están calientes, con una vinagreta con sabor a mostaza, aderezadas con lajas de trufas para servir como guarnición de un pato o salmón asado, o, combinadas con cebolla y otros sazonadores para servirse como sopa en clima frío. O también, se pueden convertir en una comida completa al hervirlas a fuego lento con embutidos, como las saucisses de Toulouse, petit salé (puerco ligeramente curado); conejo o pichón.

1 Limpie las lentejas, desechando las arenillas o lentejas defectuosas, y enjuague bien. Coloque en una olla con 4 tazas (1 l/32 fl oz) de agua, agregue el vino, zanahoria, apio, hoja de laurel, tomillo, la mitad de los chalotes y la mitad del ajo. Hierva sobre fuego alto, reduzca el calor a medio-bajo, tape y hierva a fuego lento de 30 a 35 minutos, hasta que las lentejas estén suaves, pero no pegajosas, y hayan absorbido la mayor parte del líquido.

2 Escurra las lentejas, reservado aproximadamente 2 cucharadas del líquido de cocción; deseche el líquido restante. Coloque las lentejas y el líquido de cocción reservado en un tazón de servicio. Agregue los chalotes restantes, el ajo y perejil y mezcle. Sazone al gusto con sal y pimienta e incorpore la crema y el vinagre. Pruebe y rectifique la sazón. Sirva calientes o a temperatura ambiente.

1 taza (220 g/7 oz) de lentejas Puy

½ taza (125 ml/4 fl oz) de vino blanco seco

½ zanahoria, sin piel y picada

½ tallo de apio, picado

1 hoja de laurel

3 ó 4 ramas de tomillo fresco

3 chalotes, picados

2 dientes de ajo, picados

3 cucharadas de perejil fresco liso (italiano) picado

Sal y pimienta recién molida

2 cucharadas de crema espesa (doble) o al gusto

1 cucharadita de vinagre de jerez, o al gusto

Rinde de 4 a 6 porciones

Lentejas

Las diminutas lentejas verdes se cultivan en los alrededores de Le Puy, una aldea en Auvernia, célebre por su importante pasado eclesiástico, la producción de encaje y por las lentejas más preciadas de Francia. La variedad, llamada *verte du Puy*, ha sido cultivada en la rica tierra de esa zona por lo menos durante dos milenios. Se cultivan desde mediados de verano hasta principios de otoño y tradicionalmente se secan al sol. Las lentejas de Puy, con su distintivo color verde oscuro con tonos turquesa, tienen un aroma natural y una piel delgada y no se desbaratan al cocinarse.

Sin embargo, las lentejas no siempre han sido apreciadas en Francia. Anteriormente, eran llamadas "caviar de los pobres", porque se parecían a este cotizado huevo de pescado por su tamaño y forma, y porque incluso los hogares más pobres podían comprarlas. En la Edad Media, fueron menospreciadas por mucha gente, considerándolas únicamente buenas como forraje, pero las penurias experimentadas durante la Revolución Francesa volvieron a introducir la nutritiva legumbre a las cocinas. Hoy en día, los cocineros parisinos usan lentejas en gran cantidad de platillos que todos disfrutan, desde los chefs bien pagados hasta los niños en edad escolar.

LES PETITS OIGNONS AU VIN ROUGE
Cebollitas en Salsa de Vino Tinto

Se supone que este platillo es originario de Burgundy, en donde los huevos, pollo, carnes e incluso las papas se cocinan en el vino tinto de la localidad. Cualquier cebolla pequeña, así como chalote, sabe excelente si se cocina de esta manera. En primavera, los mercados parisinos por lo regular tienen cebollas pequeñas, gordas y ligeramente rechonchas con sus tallos verdes aún pegados. Son deliciosas en este platillo, al igual que su pariente más maduro que aparece cuando la temporada está más avanzada. Éstas son similares a las cebollas italianas cipolini, las cuales también se pueden usar. Si únicamente encuentra cebollas amarillas o blancas grandes, pártalas a la mitad o en cuartos a lo largo. Sirva para acompañar filete a la parrilla, pato rostizado o pescado preparado de forma sencilla.

1 kg (2 lb) de cebollas pequeñas, de preferencia cebollas de cambray, como las cebollas perla o chalotes, cada una de 2.5 a 4 cm (1–1½ in) de diámetro

De 6 a 8 cucharadas (90 a 125 g/3–4 oz) de mantequilla sin sal

Sal y pimienta recién molida

2 ó 3 cucharaditas de azúcar

2 tazas (500 ml/16 fl oz) de caldo de res o verduras

2 tazas (500 ml/16 fl oz) de vino tinto seco

½ cucharadita de vinagre balsámico o vinagre de frambuesa, o al gusto

2 cucharaditas de hojas de tomillo fresco

Rinde de 4 a 6 porciones

1 Hierva una olla con tres cuartas partes de agua sobre calor alto. Agregue las cebollas y blanquee de 1 a 2 minutos. Escurra, sumerja inmediatamente las cebollas en un tazón con agua con hielo para enfriarlas, y vuelva a escurrir. Usando un cuchillo pequeño y filoso, corte la raíz de cada cebolla y retire la piel.

2 En una sartén gruesa y antiadherente sobre calor medio, derrita la mantequilla. Agregue las cebollas y cocine, moviendo suavemente y agitando la sartén, durante 10 minutos, hasta dorar ligeramente. A medida que se cocinen las cebollas, sazone al gusto con sal y pimienta y espolvoree con el azúcar para ayudarles a caramelizarse.

3 Agregue el caldo y el vino, eleve la temperatura a alta y hierva. Cocine, sin tapar, cerca de 10 minutos, hasta que las cebollas estén suaves. Usando una cuchara ranurada, páselas a un tazón. Vuelva a colocar la sartén sobre temperatura alta y hierva el líquido de 10 a 15 minutos, hasta que se reduzca y se haga un glaseado tipo miel; no deje que se queme.

4 Vuelva a colocar las cebollas en la miel y agregue el vinagre y el tomillo. Sazone al gusto con sal y pimienta y rectifique la sazón con algunas gotas de vinagre, si fuera necesario. Cocine de 3 a 5 minutos, hasta que las cebollas estén totalmente calientes. Pase a un platón de servicio y sirva.

PURÉE DE CÉLERI-RAVE

Puré de Cepa de Apio

La cepa de apio nació en el Renacimiento, cuando los jardineros experimentales descubrieron que la pequeña raíz del apio silvestre podía crecer para tornarse en un vegetal grande y lleno de nudos, con un sabor que recordaba al del suave nabo. Hoy en día, en los meses fríos, los mercados franceses tienen grandes pilas de cepas de apio. Los chefs y cocineros caseros por igual pueden agregarlos a un pot-au-fer o usarlos para hacer Rémoulade de Cepa de Apio (página 78) o un cremoso puré natural. Para darle un toque elegante, rocíe unas cuantas gotas de aceite de trufa sobre el puré justo antes de servirlo.

1 En una olla sobre temperatura alta, mezcle la cepa de apio y las papas con el caldo hasta cubrir por 2.5 ó 5 cm (1–2 in).Tape y hierva sobre calor alto, reduzca la temperatura a fuego medio-alto y cocine a punto de ebullición de 10 a 15 minutos, hasta que las verduras estén suaves, agregando más caldo o agua si fuera necesario para mantener las verduras sumergidas. Escurra las verduras, reservando el caldo para una sopa o salsa. Pase las verduras por un pasapurés o un molino de alimentos adaptado con un disco fino.

2 Vuelva a colocar el puré en la olla, cocine sobre calor muy bajo y agregue la mantequilla, batiéndola con las verduras calientes con ayuda de una cuchara de madera. Agregue la crema y mezcle. Sazone al gusto con sal y pimienta.

3 Pase el puré a un plato de servicio y adorne con el cebollín. Si lo desea, rocíe con aceite de trufa. Sirva de inmediato.

1 cepa de apio grande (celeriac), aproximadamente de 1 kg (2 lb), sin piel y cortado en dados de 12 mm (½ in)

1 papa russet grande, aproximadamente de 185 g (6 oz), sin piel y cortada en dados de 12 mm (½ in)

3 tazas (750 ml/24 fl oz) aproximadamente de caldo de pollo o agua

4 cucharadas (60 g/2 oz) de mantequilla sin sal

6 cucharadas (90 ml/3 fl oz) de crema espesa (doble)

Sal y pimienta, recién molida

1 ó 2 cucharadas de cebollín fresco picado

Aceite de trufa para rociar (opcional)

Rinde de 4 a 6 porciones

Trufa

Las trufas se han comido en Francia desde tiempos remotos. Dejaron de ser cotizadas con la caída del Imperio romano, pero retomaron su posición culinaria con la llegada de los Papas a Avignon en el siglo XIV. Pero no fue hasta que algunos chefs, como Carème y Escoffier las introdujeron en sus creaciones cuando obtuvieron el status culinario del que gozan actualmente.

Durante la época de las trufas (de noviembre a marzo), el hongo codiciado se puede encontrar fácilmente en Paris, en las tiendas de especialidades gastronómicas como Maison de la Truffe (5e) y Da Rosa (6e). En el *marché biologique* de los domingos ubicado en Boulevard Raspail (página 24), algunas veces se puede encontrar a una mujer de trufas, que vende sus tesoros subterráneos en una canasta vieja por una pequeña fracción de lo que cuestan en las tiendas.

La calidad de las trufas depende de su textura, sabor, aroma y color. Las trufas se deben comer lo antes posible después de haberlas comprado, ya que empiezan a perder su fragancia en el momento en que son expuestas al aire. Fuera de temporada, usted puede impartir una fuerte esencia a trufa a sus platillos al agregar aceite de trufa o trufas en tarros de conserva.

POMMES FRITES
Papas a la Francesa

Durante años, los franceses y los belgas han discutido acerca de quién fue el inventor de las papas fritas. Los franceses dicen que ellos fueron los primeros en cocinarlas cerca del Pont Neuf, el puente más antiguo de Paris, a mediados del siglo XIX. Se dice que los vendedores emprendedores se ponían en las banquetas y freían tiras de papa en tinas de grasa caliente, algunos dicen que era grasa de caballo y que incluso hoy en día se usa para hacer las mejores papas fritas. En poco tiempo, todos elogiaban a la crujiente pomme frite. Incluso se dice que el gran escritor culinario Curnonsky dijo "¡Las papas fritas son una de las creaciones más puras del genio parisino!" Para obtener el mejor sabor, se derrite un trozo de grasa de res en el aceite cuando se está calentando.

De 6 a 8 papas russet u otro tipo de papa para hornear, aproximadamente 1 kg (2 lb) en total

Sal de mar

Aceite de canola u oliva para fritura profunda

De 60 a 90 g (2–3 oz) de grasa de res (opcional)

Rinde 6 porciones

1 Pele las papas si lo desea (los franceses las prefieren sin cáscara). Usando una mandolina o un cuchillo filoso, córtelas en juliana muy delgada para papas paja, bastones de 6 a 12 mm (¼-½ in) de grueso para papas a la francesa, o rodajas de 3 a 6 mm (⅛-¼ in) de grueso para *pommes soufflées*. Coloque las papas en un tazón grande con agua salada y deje reposar por lo menos durante 1 hora o hasta por 3 horas. Si lo desea, cambie el agua una o dos veces durante el remojo para retirar el exceso de almidón. Escurra las papas y seque con toallas de papel.

2 Vierta aceite hasta una profundidad de 10 a 13 cm (4–5 in) en una sartén gruesa y profunda para saltear o una olla gruesa. Agregue la grasa de res, si la usa, al aceite caliente y colóquelo sobre calor medio hasta obtener 165ºC (325ºF) en un termómetro para fritura profunda. Trabajando en tandas, agregue las papas, teniendo cuidado de no llenar demasiado la sartén. Fría las papas, moviéndolas una o dos veces, hasta que estén casi suaves pero aún claras y cerosas. Las papas paja se cocerán en aproximadamente 2 minutos, los bastones de 6 a 8 minutos y las rodajas de 3 a 4 minutos. Usando una cuchara ranurada, pase las papas a una charola de hornear cubierta con toallas de papel para que se escurran. Deje reposar por lo menos 5 minutos o hasta por 3 horas.

3 Justo antes de servir, recaliente el aceite a 190ºC (375ºF). Una vez más trabajando en tandas, fría las papas hasta que se doren. Las papas paja se cocerán aproximadamente en 1 minuto, y los bastones y rodajas de 1 a 2 minutos. Usado una cuchara ranurada, pase las papas a una charola de hornear cubierta con toallas de papel limpias. Sazone con sal y sirva mientras estén bien calientes.

SALADE VERTE

Ensalada Verde

Una comida parisina puede empezar con una ensalada compuesta, como esta combinación de betabeles y hierbas de canónigo (página 99). Pero la sencilla salade verte, una mezcla de hortalizas aderezadas con una vinagreta, siempre se sirve después del plato principal. Las legumbres son invariablemente de la temporada y algunas veces incluyen un toque de hierbas. El momento en el que la salade verte se lleva a la mesa puede ser uno de los puntos culminantes de una comida, un momento fresco después de varios platillos ricos y sustanciosos. También anuncia la llegada del fromage, ya que a menudo se sirve queso con la ensalada.

1 Para hacer la vinagreta, en una ensaladera grande, usando un tenedor, mezcle el vino blanco con el vinagre balsámico y una pizca de sal, hasta que se disuelva la sal. Integre la mostaza. Lentamente incorpore el aceite mientras mezcla constantemente. Sazone al gusto con pimienta, pruebe y rectifique la sazón.

2 Mezcle las hortalizas mixtas y el chalote con la vinagreta y combine hasta que las hojas estén bien cubiertas con la vinagreta. Añada el cebollín, perifolio y estragón; vuelva a mezclar para distribuir las hierbas uniformemente. Divida la ensalada entre platos individuales y acompañe con las rebanadas de *pain de campagne*, si lo usa.

PARA LA VINAGRETA:

2 cucharaditas de vinagre de vino blanco

3 ó 4 gotas de vinagre balsámico

Sal

½ cucharadita de mostaza de Dijon, Champagne, estragón o cualquier otra mostaza, o al gusto

3 cucharadas de aceite de oliva extra virgen o partes iguales de aceite de oliva extra virgen y aceite de nuez o avellana (filbert)

Pimienta recién molida

5 ó 6 manojos grandes de mezcla de hortalizas verdes, partidas; como frisée, hierbas de canónigo, arúgula (rocket), diente de león, lechuga francesa, endivia belga (chicoria/witloof) y lechuga orejona pequeña

1 chalote, finamente rebanado o picado

1 cucharada de cebollín fresco picado

1 cucharadita de pastinaca fresca picada

1 cucharadita de estragón fresco picado

Rebanadas delgadas de *pain de campagne* (página 36) para acompañar (opcional)

Rinde de 4 a 6 porciones

Creando una Salade Verte

A los parisinos les encanta crear *salades vertes* y compran sus hortalizas en mercados de la calle, en donde pueden encontrar las variedades más frescas. La gran cantidad de hortalizas cambia dependiendo de la estación y, a menudo, incluye hortalizas silvestres y hierbas. Sin embargo, vale la pena mencionar que siempre encontrará ensaladas de hortalizas mixtas. Algunas veces la ensalada será un manojo sencillo de hojas de lechuga francesa adornadas con cebollín o pequeñas rebanadas de endivia, fortalecidas con su sabor ligeramente amargo.

A los cocineros parisinos también les gusta dar a sus vinagretas un toque personal, como una gota de salsa de soya, una cucharada de consomé de res o crema, así como un vinagre artesanal. El aceite se elige con cuidado, ya sea de su aldea natal o de la tienda de especialidades de la localidad, y si se le agrega mostaza, sólo le ponen una pequeña cantidad.

Cabe mencionar que para lograr el éxito de cualquier ensalada verde se necesita *fatiguer* las hortalizas, o sea, mezclarlas para que se "cansen". En otras palabras, cada hoja debe estar cubierta uniformemente con una pequeña cantidad de vinagreta. Para lograrlo, use una ensaladera grande y déle un ligero toque de vinagreta: las hojas deben estar ligeramente cubiertas, no remojadas.

LES DESSERTS

Algo dulce, ya sea una pera cocida, un *pot de crème*, una elegante madeleine o una rebanada

de tarta de manzana, siempre es el toque final en las comidas parisinas más memorables.

Aunque muchos parisinos terminan sus alimentos con un poco de queso y quizás un trozo de fruta fresca, para otros una comida nunca estará completa sin algo dulce. La crème brûlée con su frágil cubierta de azúcar, las crêpes rellenas de miel y rebanadas de almendras o la *tarte Tatin*, con una corona caramelizada, son postres parisinos especiales. Las frutas asadas, que algunas veces se sirven acompañadas con una deliciosa salsa y otras con una modesta bola de helado, son otra opción popular además de que se puede hacer un esponjoso soufflé con cualquier fruta, chocolate o nueces. Pero a menudo, el postre más sencillo también es el mejor, como un queso fresco acompañado de un dulce coulis de fruta.

MADELEINES AU CITRON

Magdalenas al Limón

El origen de las madeleines, el pan con forma de concha del tamaño de una galleta, es muy disputado, aunque la mayoría de los conocedores de cocina creen que son originarias de la ciudad de Commercy en la Lorraine. Primero viajó a la corte de Louis XV en Versalles y después a París, ganando adeptos en cada parada. Hoy en día, las pâtisseries de Commercy aún se consideran los primeros fabricantes de madeleines, y las cajas de madeleines de Commercy se venden por todo el país. Para hornear estos pequeños pasteles necesitará una charola con doce moldes para madeleine, hechos de acero estañado.

1 Precaliente el horno a 190°C (375°F). Usando una brocha de pastelería, unte bastante mantequilla suavizada sobre cada uno de los 12 moldes para madeleines, engrasando cuidadosamente todas las ondas. Enharine los moldes, ladeando para cubrir uniformemente la superficie. Voltee hacia abajo y golpee lentamente para retirar el exceso de harina.

2 En un tazón grande, mezcle los huevos, azúcar granulada y sal. Usando un batidor de alambre o una batidora eléctrica manual, a velocidad media-alta, bata vigorosamente durante 5 minutos, hasta que la mezcla esté clara, espesa y esponjosa. Integre los extractos de vainilla y almendra. Espolvoree la harina cernida sobre la mezcla de huevos y mezcle o bata a velocidad baja hasta incorporar por completo.

3 Usando una espátula de goma, integre suavemente la ralladura de limón y la mitad de la mantequilla derretida con movimiento envolvente, hasta incorporar por completo. Agregue la mantequilla derretida restante.

4 Divida la masa entre los 12 moldes preparados, usando una cuchara copeteada de masa para llenar cada molde. Hornee las madeleines de 8 a 12 minutos, hasta que sus superficies reboten ligeramente al tocarlas.

5 Retire los moldes del horno e invierta sobre una rejilla de alambre, golpee sobre la rejilla para desprender las madeleines. Si alguna se queda pegada, use sus dedos para desprenderla de las orillas, teniendo cuidado de no tocar el molde caliente, e invierta y golpee una vez más.

6 Deje que las madeleines se enfríen sobre la rejilla durante 10 minutos. Usando un colador de malla fina, espolvoree las superficies con azúcar glass, si lo desea, y sirva.

2 huevos grandes

⅓ taza (90 g/3 oz) de azúcar granulada

¼ cucharadita de sal

½ cucharadita de extracto (esencia) de vainilla

¼ cucharadita de extracto (esencia) de almendra

½ taza (75 g/2½ oz) de harina de trigo (simple) cernida

1 cucharadita de ralladura de limón

¼ taza (60 g/2 oz) de mantequilla sin sal, derretida y a temperatura ambiente

Azúcar glass para espolvorear (opcional)

Rinde 12 madeleines

SOUFFLÉ AUX NOISETTES, SAUCE AU CHOCOLAT

Soufflé de Avellanas con Natilla de Chocolate

Nadie sabe quién hizo el primer soufflé francés, pero a un chef llamado Antoine Beauvilliers se le puede dar el crédito de haber dado el nombre a esta combinación ligera y esponjosa. De joven, trabajó en las cocinas de la realeza francesa y a finales del siglo XVIII abrió su propio restaurante en Rue de Richelieu, en París. De acuerdo a la leyenda, cada comida servida en el restaurante incluía un soufflé. Posteriormente, Beauvilliers escribió "L'art du cuisinier", un volumen elemental que ha guiado a los cocineros franceses en su paso por su cocina nacional durante décadas. Este soufflé está cubierto con crema inglesa de chocolate, una sedosa salsa tipo natilla.

PARA LA CREMA INGLESA DE CHOCOLATE

1 taza (250 ml/8 fl oz) de leche

3 cucharadas de azúcar

125 g (4 oz) de chocolate semi amargo de la mejor calidad, picado toscamente

2 yemas de huevo

½ cucharadita de extracto (esencia) de vainilla

1/8 cucharadita de sal

PARA EL SOUFFLÉ DE AVELLANAS

185 g (6 oz) de avellanas (filberts)

Mantequilla sin sal para engrasar

1 cucharada de harina de trigo (simple)

¼ taza (60 g/2 oz) más 2 cucharadas de azúcar

1 huevo entero, más 2 yemas de huevo

⅓ taza (80 ml/3 fl oz) de leche

1 cucharada de brandy o Cognac

3 ó 4 gotas de extracto (esencia) de vainilla

6 claras de huevo

¾ cucharadita de cremor tártaro

1 pequeña pizca de sal

Rinde 6 porciones

1 Para hacer la crema inglesa, mezcle la leche, azúcar y chocolate en una olla gruesa sobre calor medio. Cocine, moviendo constantemente, cerca de 5 minutos, hasta que el chocolate esté suave y derretido.

2 En un tazón, bata las yemas de huevo hasta integrar. Lentamente agregue la mezcla de chocolate caliente a las yemas de huevo, batiendo constantemente. Vuelva a poner la olla sobre calor medio y cocine, moviendo constantemente cerca de 5 minutos, hasta que la mezcla esté lo suficientemente espesa para cubrir el revés de la cuchara y deje rastro cuando se pase un dedo a través de ella; no deje que hierva. Pase a través de un colador de malla fina hacia un tazón. Coloque dentro de otro tazón más grande parcialmente lleno con agua con hielo y deje enfriar, moviendo de vez en cuando, durante 5 minutos. Integre la vainilla y la sal. Tape y refrigere hasta que esté frío. Sirva ligeramente frío o a temperatura ambiente.

3 Para hacer el soufflé, tueste ligeramente las avellanas en una sartén para freír sobre calor medio, moviendo constantemente, de 4 a 6 minutos, hasta que la piel empiece a separarse y las avellanas se doren. Envuelva las avellanas calientes en un trapo de cocina limpio y frote vigorosamente para retirar la cáscara; no se preocupe si quedan pedacitos de cáscara. En un procesador de alimentos, muela las avellanas hasta obtener un polvo fino; reserve.

4 Precaliente el horno a 190ºC (375ºF). Engrase con mantequilla seis platos individuales para soufflé con capacidad de 1 taza (250 ml/8 fl oz) o un plato para soufflé con capacidad de 1.5 l (1½ qt).

5 En una olla, bata la harina con ¼ taza de azúcar, el huevo entero y las yemas de huevo; integre la leche.

Coloque la sartén sobre calor medio-bajo y cocine, moviendo constantemente de 4 a 6 minutos, hasta que la mezcla empiece a espesar; no deje que hierva. Reserve ¼ taza (30 g/1 oz) de las avellanas molidas. Incorpore el resto a la mezcla de huevos y continúe cocinando cerca de 2 minutos, hasta que se forme una natilla opaca y espesa. Vierta en un tazón grande e incorpore el brandy y la vainilla. Deje enfriar totalmente.

6 En un tazón pequeño, mezcle las 2 cucharadas de azúcar con las avellanas reservadas. Espolvoree la mezcla sobre el (los) plato(s) de soufflé preparado(s), volteando para cubrir la base y lados con la mezcla. Si le queda mezcla, espolvoree en la base de los platos.

7 Coloque las claras de huevo en un tazón grande y limpio. Usando un batidor globo, bata las claras hasta que esponjen. Agregue el cremor tártaro y la sal y continúe batiendo hasta que se formen picos duros (O, si lo desea, use una batidora eléctrica manual y bata las claras a velocidad media hasta que esponjen. Aumente la velocidad a alta después de agregar el cremor tártaro y la sal).

8 Pase aproximadamente una cuarta parte de las claras de huevo a la mezcla de avellanas. Usando una espátula de goma, integre las claras para aligerar la mezcla. Coloque las claras restantes sobre la mezcla e integre con movimiento envolvente hasta que no queden rayas blancas. Pase al(a los) plato(s) preparado(s). Hornee hasta que se eleve como olas esponjadas y su superficie se dore ligeramente, cerca de 10 minutos para soufflés individuales o 20 minutos para un soufflé grande. Acompañe con crema inglesa.

Sirva con Cognac (página 185) o un vino tinto dulce y fortificado como el Banyuls.

SOUPE DE FRAISES

Sopa de Fresas

La mayoría de las fresas que se cultivan en Francia vienen del suroeste del país. Cuando las fresas maduran a finales de la primavera, a los parisinos les gusta revestir a las frutas color escarlata de una forma sencilla, con limón y azúcar. Esta sopa es una variación de esa preparación clásica, inspirada en un postre similar que se sirve en el maravilloso restaurante parisino L´Arpège (página 17), en el que las fresas marinadas se mezclan con una infusión de hibisco. Aunque el restaurante no agrega ruibarbo, funciona a la perfección con los demás ingredientes, creando una intrigante mezcla de sabor.

1 En una olla de material que no haga reacción, sobre calor medio-alto, mezcle el ruibarbo, agua y 3 cucharadas del azúcar. Hierva y cocine de 3 a 4 minutos, hasta que el ruibarbo esté suave pero no se desbarate. Retire del calor, agregue las bolsas de té y deje impregnar hasta que se enfríe y quede a temperatura ambiente.

2 En un tazón, mezcle las fresas con 3 cucharadas del azúcar y mezcle. Pruebe y agregue más azúcar si las fresas aún están agrias. Agregue la ralladura de limón y su jugo y bata para integrar. Deje reposar cerca de 10 minutos.

3 Retire las bolsas de té de la mezcla de ruibarbo y exprima cuidadosamente las bolsas para extraer todo el líquido, teniendo cuidado de no romper las bolsas. Deseche las bolsas. Vierta el ruibarbo y el líquido sobre la mezcla de fresas. Cubra y refrigere por lo menos durante 2 horas o hasta por 6 horas.

4 Para servir, pase a tazones individuales con ayuda de un cucharón y adorne con la menta, si la usa.

Sirva con un Champagne rosé o un vino blanco ligero como el Anjou del Valle de la Loire.

---

1 tallo de ruibarbo, sin hilos y finamente rebanado

4 tazas (1 l/32 fl oz) de agua

De 6 a 8 cucharadas (90 a 125 g/3–4 oz) de azúcar

6 bolsas de té de hibisco y rosa mosqueta

2 tazas (250 g/8 oz) de fresas, limpias y finamente rebanadas

Ralladura de ½ limón

Jugo de 1½ limón

Ramas de menta fresca, para adornar (opcional)

Rinde de 4 a 6 porciones

Tiendas Especializadas en Té

La selección de tés que hay en Mariage Frères (4e) es sin duda la más amplia de la ciudad. En esta tienda, elegantes empleados vestidos con saco blanco, comparten sus conocimientos y opiniones presentando muestras para oler, de más de 450 variedades de té que se venden en la tienda. Camine por la boutique y encontrará un pequeño y acogedor salón de té en la parte trasera de la tienda. Visítelo en la tarde, para mezclar su té con uno de los elegantes pasteles o tartas o con un delicioso scone.

Quizás se sorprenda al descubrir que París, una ciudad conocida por sus cafés, es el hogar de esta fantástica tienda, así como de otros proveedores de té fino. Típicamente los londinenses beben té mañana, tarde y noche, pero por lo general se sientan para tomar una buena taza del té ordinario hervido y fuerte. Sin embargo, los parisinos prácticamente siempre están cansados de su té (ellos no toman bolsas de té ordinario) y le prestan la misma atención a la calidad del té que a la del vino, café, queso y chocolate. De hecho, por toda la ciudad encontrará docenas de salones de té que sirven únicamente los mejores tés del mundo y cada uno de ellos servirá a una clientela preferente.

ANANAS AU FOUR À LA GLACE AU CARAMEL

Piña Asada con Helado de Caramelo

París es uno de los mejores lugares del mundo para comer helado. Los proveedores de glace de la ciudad venden sabores sofisticados hechos de ingredientes provenientes de todo el mundo, como frutas de la pasión, coco, cereza silvestre o aún chocolate identificado por su lugar de origen, quizás de Java, Madagascar o Venezuela. El productor de helado más famoso, o glacier, de la ciudad es Berthilion, localizado en la Île Saint Louis (4e). Aunque sus helados y sorbetes se pueden encontrar casi en todos los cafés "de la isla", el hacer fila en la matriz es parte de estar en París. En esta receta, el delicioso helado de caramelo está muy bien balanceado por la agri-dulce piña.

PARA EL HELADO:

3 yemas de huevo

½ taza (125 g/4 oz) más 2 cucharadas de azúcar granulada

1½ taza (375 ml/12 fl oz) de media crema

½ vaina de vainilla, dividida a lo largo

¼ taza (60 ml/2 fl oz) de agua

Una pequeña pizca de sal

PARA LA PIÑA ASADA:

1 piña, sin piel, corazón, ni ojos, cortada a lo ancho en rebanadas de 12 mm (½ in) de grueso

2 ó 3 cucharadas de mantequilla sin sal, cortada en trozos

2 ó 3 cucharadas de azúcar morena

Rinde de 4 a 6 porciones

1 Para hacer el helado, bate en un tazón las yemas de huevo y las 2 cucharadas de azúcar, hasta que la mezcla esté de color amarillo claro. Reserve.

2 Vierta la media crema en la olla. Usando la punta de un cuchillo pequeño, raspe las semillas de la vaina de vainilla hacia la sartén, agregue la vaina. Coloque sobre calor medio y cocine de 5 a 7 minutos, hasta que se formen burbujas alrededor de la orilla de la sartén. No deje que hierva. Retire del calor y mantenga caliente.

3 En una olla pequeña y gruesa sobre calor medio, mezcle la ½ taza restante de azúcar y el agua. Caliente, moviendo constantemente hasta que se disuelva el azúcar. Deje de mover. Sin quitarle la vista, continúe cocinando, moviendo o ladeando la sartén de vez en cuando haciendo un círculo grande, hasta que la mezcla empiece a hervir. Si se empiezan a cristalizar algunas gotas de la mezcla sobre los lados de la sartén, lávelas con una brocha de pasta remojada en agua fría. Continúe hirviendo la mezcla de 4 a 5 minutos, sin mover, hasta que la miel se caramelice y se torne color ámbar oscuro. Entre más tiempo se cocine el caramelo, desarrollará una corteza más amarga. No permita que se dore demasiado, o tendrá un sabor a quemado. Retire del fuego.

4 Vierta con cuidado aproximadamente la mitad del caramelo hacia la mezcla de media crema, mezcle hasta integrar e incorpore el caramelo restante. Lentamente vierta la mitad de la mezcla de crema y caramelo en la mezcla de huevos, batiendo constantemente para evitar que los huevos se cuajen. Viértalo en la mezcla de caramelo restante, agregue la sal y mezcle.

5 Vuelva a poner la sartén sobre calor medio y cocine, moviendo constantemente, de 4 a 5 minutos, hasta

que la mezcla esté lo suficientemente espesa para cubrir el revés de una cuchara y deje una marca cuando pase un dedo por ella; no deje que hierva. Pase a través de un colador de malla fina sobre un tazón térmico. Retire y deseche la vaina de vainilla. Coloque sobre otro tazón más grande parcialmente lleno con agua con hielo y deje enfriar, moviendo ocasionalmente, durante cerca de 30 minutos. Tape y refrigere hasta que esté bien frío, por lo menos 3 horas o durante toda la noche.

6 Pase la mezcla a una máquina para hacer helado y congele de acuerdo a las instrucciones del fabricante. Pase el helado a un recipiente que pueda meterse al congelador. Cubra y congele por lo menos 2 horas hasta que esté firme, o hasta por 2 días.

7 Para asar la piña, precaliente el horno a 200ºC (400ºF). Acomode las rebanadas de piña en un refractario lo suficientemente grande para poder acomodarlas sin apretar (las rebanadas no deberán tocarse entre sí). Coloque trozos de la mantequilla y espolvoree con azúcar. Hornee las rebanadas de 8 a 10 minutos, hasta que las superficies y orillas tengan manchas doradas de caramelo. Voltee las rebanadas y continúe horneando de 4 a 6 minutos, hasta que tengan manchas doradas de caramelo; no sobre cocine. Sirva caliente o a temperatura ambiente.

8 Divida las rebanadas de piña uniformemente entre platos individuales y bañe con los jugos caramelizados del refractario. Coloque una bola pequeña de helado en cada plato. Sirva de inmediato.

Sirva con un vino blanco dulce como el Juraçon Moelleaux o el Muscat de Rivesaltes.

PÊCHES AU FOUR, SAUCE AUX PISTACHES

Duraznos Asados con Natilla de Pistache

En los siglos XVI y XVII, la Île-de-France era un jardín de frutas y verduras y los parisinos gozaban de los grandes y aromáticos duraznos cultivados cerca de Bagnolet y Fontainebleau. En la actualidad, los cocineros de la capital aprecian el valle de Rhône y el suroeste por sus duraznos. Los distintivos pistaches de cáscara verde son muy populares entre los cocineros franceses, quienes los usan tanto en preparaciones sazonadas como en postres. En esta receta dan a la natilla un delicado color verde claro. También puede usar almendras molidas para hacer una deliciosa salsa, aunque menos colorida.

1 Para hacer la natilla, muela en un procesador de alimentos los pistaches hasta obtener un polvo fino. Tenga cuidado de no molerlos demasiado ya que se harían una pasta.

2 En una olla gruesa, bata las yemas de huevo con la fécula de maíz y el azúcar e integre poco a poco la leche y los pistaches. Coloque sobre calor medio y cocine, moviendo constantemente, de 7 a 10 minutos, hasta que la mezcla esté lo suficientemente espesa para cubrir el revés de una cuchara y deje una marca cuando pase un dedo a través de ella; no deje hervir. Coloque en un tazón más grande, parcialmente lleno con agua con hielo y deje enfriar, moviendo de vez en cuando, durante 5 minutos. Integre el extracto de almendras y sal. Tape y refrigere hasta servir.

3 Precaliente el horno a 200°C (400°F). Para preparar los duraznos, con ayuda de un cuchillo pequeño y filoso, marque una línea alrededor del centro de cada durazno. Tenga listo un tazón grande con tres cuartas partes de agua con hielo. Llene una olla con tres cuartas partes de agua y hierva sobre calor alto. Sumerja los duraznos que quepan en la olla, sin apretarlos. Tape y deje hervir cerca de 1 minuto, hasta que la piel empiece a desprenderse. Usando una cuchara ranurada, pase los duraznos al agua con hielo. Usando las yemas de sus dedos o el cuchillo, retire la piel de los duraznos. Repita la operación con el resto de los duraznos.

4 Coloque los duraznos en un refractario lo suficientemente grande para acomodarlos sin que se toquen, rocíe uniformemente con el ron y espolvoree con azúcar. Agregue agua hasta una profundidad de 6 mm (¼ in). Hornee los duraznos de 25 a 30 minutos, hasta que el azúcar se caramelice y las frutas se sientan suaves al picarlas con la punta de un cuchillo; deben mantener su forma. Retire y deje enfriar a temperatura ambiente.

5 Coloque los duraznos sobre platos individuales y bañe con un poco de jugo del refractario. Coloque la natilla de pistache alrededor de cada durazno. Adorne con ramas de menta y sirva.

Sirva con un vino blanco floral y aromático como el Viognier de Condrieu o un fortificado Armagnac.

PARA LA NATILLA DE PISTACHE

½ taza (60 g/2 oz) de pistaches crudos, sin sal

6 yemas de huevo

1 cucharada de fécula de maíz

½ taza (125 g /4 oz) de azúcar

2 tazas (500 ml/16 fl oz) de leche

¼ cucharadita de extracto (esencia) de almendra

Una pizca pequeña de sal

PARA LOS DURAZNOS

6 duraznos maduros pero firmes, aproximadamente 1 kg (2 lb) en total

3 ó 4 cucharadas de ron oscuro

2 ó 3 cucharadas de azúcar

Ramas de menta fresca para adornar

Rinde 6 porciones

TARTE TATIN
Tarta Volteada de Manzana

El origen de esta popular tarta ha sido rastreado hasta los primeros años del siglo XX cuando dos hermanas francesas, Stéphanie y Caroline Tatin, lo inventaron en su pequeño hotel en el Valle de la Loire en la aldea de Lamotte-Beuvron, no lejos de París. Parece que las tartas rústicas de manzana eran una especialidad de la zona, siendo una de las más conocidas las horneadas boca abajo por las demoiselles Tatin. De hecho, incluso los parisinos viajaban al hotel para probar el famoso postre de las hermanas y no es de sorprenderse que la deliciosa tarta caramelizada de manzanas pronto hiciera su aparición en las mesas de la capital, en donde ahora se considera un postre clásico de París.

PARA LA PASTA HOJALDRADA

1½ taza (235 g/7½ oz) de harina de trigo (simple)

⅓ taza (90 ml/3 fl oz) de agua

½ cucharadita de sal

1 cucharada de vinagre de vino blanco

2 cucharadas de mantequilla sin sal, derretida, más ¾ taza (185 g/6 oz) de mantequilla sin sal fría

1 kg (2 lb) de manzanas Golden Delicious, sin piel, cortadas en cuartos y descorazonadas

Jugo de ½ limón

6 cucharadas (90 g/3 oz) de mantequilla sin sal

1 taza (250 g/8 oz) más 2 cucharadas de azúcar

Crème chantilly o crème fraîche (página 185) para acompañar

Rinde 8 porciones

1 Para hacer la pasta de hojaldre, coloque la harina en un tazón grande y haga una fuente en el centro. Agregue el agua, sal, vinagre y mantequilla derretida a la fuente y bata el líquido brevemente para mezclar. Usando un tenedor, mezcle lentamente la harina con el líquido, llevándolo de la orilla al centro de la fuente. Cuando toda la harina esté mezclada con el líquido y se forme una masa, amase brevemente hasta que esté ligeramente suave. Envuelva la masa en plástico adherente y refrigere 2 ó 3 horas.

2 Retire la masa del refrigerador, desenvuelva y coloque sobre una superficie ligeramente enharinada. Extienda haciendo un cuadrado o un rectángulo de aproximadamente 2.5 cm (1 in) de grueso. Con el rodillo, déle pequeños golpes a la mantequilla fría para suavizarla y aplanarla y obtener un grosor de 2 cm (¾ in). Coloque la mantequilla en el centro de la masa. Doble los lados sobre la mantequilla, vuelva a envolver en plástico adherente y refrigere cerca de 1 hora.

3 Vuelva a colocar la masa sobre una superficie de trabajo recién enharinada y extienda haciendo un rectángulo de aproximadamente 25 por 38 cm (10 x 15 in). Doble los extremos como si fuera una carta de negocios para hacer tres capas, gire la masa un cuarto de vuelta. Extienda otra vez para hacer el rectángulo del mismo tamaño. Repita doblando, vuelva a cubrir con plástico adherente y refrigere durante 1 hora.

4 Repita la operación 3 ó 4 veces, extendiendo y enrollando la masa dos veces cada vez y refrigerando la masa aproximadamente 1 hora después de cada vez que extienda. Después de la última vez que extienda la pasta, refrigérela por lo menos durante 30 minutos antes de extenderla hasta el grosor deseado.

5 En un tazón grande, mezcle las manzanas con el jugo de limón. Reserve. En una sartén para freír gruesa y térmica de 30 cm (12 in), de preferencia antiadherente, derrita la mantequilla sobre calor medio-alto. Espolvoree el azúcar uniformemente sobre la mantequilla y cocine de 6 a 8 minutos, hasta que el azúcar se derrita y se torne color ámbar. Ladee y gire la sartén, pero no bata la mezcla. Acomode cuidadosamente los cuartos de manzana sobre sus lados, en una sola capa, sobre la mezcla de mantequilla, apretándolas firmemente. Continúe cocinando sobre calor medio-bajo, ocasionalmente ladeando la sartén y poniendo un poco de salsa de caramelo sobe las manzanas, de 30 a 35 minutos, hasta que estén suaves y cubiertas por la salsa. (Reduzca el calor si el caramelo empieza a quemarse.) Retire la sartén del calor.

6 Precaliente el horno a 190ºC (375ºF). Sobre una superficie ligeramente enharinada, extienda la pasta de hojaldre haciendo un círculo ligeramente más ancho que la sartén para freír y aproximadamente de 3 mm (⅛ in) de grueso. Coloque el círculo de pasta sobre las manzanas y la sartén, metiendo las orillas dentro de la sartén con ayuda de una espátula pequeña. Hornee de 25 a 30 minutos hasta que la corteza esté esponjada, crujiente y dorada. Usando guantes de horno, coloque un platón grande invertido sobre la sartén, deteniendo el platón y la sartén juntos; inviértalos y levante la sartén. Vuelva a poner los trozos de manzana que se hayan caído. Sirva caliente, acompañando cada rebanada con una cucharada de crème chantilly.

Sirva con un dulce y cremoso Bordeaux blanco, como el Sauternes o un vino blanco para postres con sabor a manzana de la Loire como el Montlouis o el Savennières.

FROMAGE BLANC NAPPÉ DE COULIS DE FRUITS

Queso Fresco con Coulis de Fruta y Crema

La fruta y el queso son compañeros naturales de la mesa parisina. Una comida típica termina con un plateau de fromages, un "plato de quesos" que por lo general incluye una selección de dos o tres quesos de diferentes características y a menudo algún tipo de fruta, como manzanas. En esta receta, esa combinación tradicional asume otra apariencia agradable. El queso, en este caso, es fromage blanc y la fruta es un coulis, o un puré ligero de chabacano y manzana. Este postre es especialmente delicioso cuando se sirve en una copa grande o en sencillos tazones de vidrio. Acompañe con más fruta si lo desea.

1 Para hacer el coulis de fruta, mezcle los chabacanos, manzana, jalea, Cognac, agua y 1 cucharada del azúcar granulada, en una olla gruesa que no haga reacción, sobre calor medio-alto. Hierva, reduzca la temperatura a baja, y hierva a fuego lento, sin tapar, cerca de 10 minutos, hasta que la fruta esté suave, agregando 1 cucharada más de agua si fuera necesario para evitar que la fruta se oxide.

2 Retire del fuego y pase a un procesador de alimentos. Agregue las frambuesas, si las usa, y haga un puré hasta que se forme una salsa con trozos de frambuesas. Pruebe y rectifique la sazón con azúcar y jugo de limón. Refrigere hasta que esté bien fría, 2 horas por lo menos o durante 2 días.

3 En un tazón, usando una batidora eléctrica a velocidad media-alta, bata la crema hasta que esté ligera y esponjada. Agregue el azúcar glass y continúe batiendo hasta que se formen picos suaves, sólo unos minutos más.

4 Coloque el *fromage blanc* en la base de unos tazones de servicio individuales, dividiéndolo uniformemente. Sirva un poco del coulis sobre el queso y cubra cada porción con una cucharada de crema batida. O, si lo desea, sirva el *fromage blanc* en una copa grande de servicio y cubra con el coulis y la crema batida. Adorne con ramas de menta y frambuesas, si las usa, y sirva.

Sirva con un vino blanco dulce como el Riesling de Alsacia de cosecha tardía.

PARA EL COULIS DE FRUTA

4 chabacanos pequeños o medianos, aproximadamente 500 g (1 lb) en total, sin hueso y en cuartos

1 manzana con mucho sabor, sin cáscara, descorazonada y en dados

2 cucharadas de jalea de frambuesa

1½ cucharada de Cognac (página 185)

1½ cucharada de agua

1 ó 2 cucharadas de azúcar granulada

Un puño de frambuesas (opcional)

Jugo de limón fresco, lo necesario

1 taza (250 ml/8 fl oz) de crema espesa (doble)

1 ó 2 cucharadas de azúcar glass

375 g (¾ lb) de *fromage blanc*

Ramas de menta fresca y frambuesas, para decorar (opcional)

Rinde 4 porciones

Fromage Blanc

El *Fromage blanc* es un tipo de fromage frais, una amplia clasificación que incluye cualquier queso fresco que encuentre en una *fromagerie*. Más específicamente, el *fromage blanc* es un queso blanco fresco curado, suave y ligeramente fermentado, hecho de leche de vaca entera o descremada. Recuerda al cremoso y suave queso cottage o queso fresco, y algunas tiendas tienen varios tipos con un nivel diferente de grasa cada uno, incluyendo también el descremado. Por lo general es mejor comprar la versión clásica con grasa ya que tiene un sabor más rico y delicioso.

Cuando el *fromage blanc* se mezcla con crema batida y se endulza, se convierte en Fontainebleau, una mezcla etérea, ligera y deliciosa que se torna en un delicioso postre al acompañarse de varias galletas crujientes. El *fromage blanc* algunas veces se sirve simplemente con un tazón de jalea o azúcar para endulzar al gusto, un postre favorito para los niños que también se puede usar como base de una salsa sabrosa para remojar o untar. Si no lo puede encontrar, mezcle 1½ taza (375 g/12 oz) de queso ricotta con 1 ó 2 cucharadas de crema agria, coloque en un colador cubierto con manta de cielo (muselina). Coloque el colador sobre un tazón y refrigere durante varias horas, hasta que el exceso de humedad se escurra.

CHARLOTTE AUX FRAMBOISES
Carlota de Frambuesas

Existen dos tipos de carlotas, la carlota de fruta horneada hecha con pan, una especialidad casera propia de Inglaterra y una carlota que no se hornea, hecha con una armazón de pastel de esponja o soletas con un delicioso relleno, que a menudo está hecho de un bavarois con sabor a fruta (crema bavaresa). El crédito de haber creado esta última se le otorga al legendario chef Marie-Antoine Carême (página 10). El ejemplo más famoso es la charlotte russe, que se sirvió por primera vez en un banquete que se llevó a cabo en el Louvre durante la visita del Czar Alexander I en 1815, en donde se encontraba Louis XVIII entre los doscientos invitados. Hoy en día, la mayoría de los parisinos confían en su pâtisserie local para comprar sus carlotas, como esta carlota típica hecha con frambuesas.

Mantequilla sin sal para engrasar

Aproximadamente 20 soletas, cada una de 10 cm (4 in) de largo y 2 cm (¾ in) de ancho

½ taza (125 ml/4 fl oz) de framboise o fraise des bois (página 186)

3 tazas (375 g/12 oz) de frambuesas

2 tazas (250 g/8 oz) de fresas, limpias

½ taza (60 g/4 oz) más 3 cucharadas de azúcar granulada

2¼ cucharaditas (1 paquete) de grenetina sin sabor en polvo

¼ taza (60 ml/2 fl oz) de agua hirviendo

3 yemas de huevo, ligeramente batidas

⅓ taza (80 ml/3 fl oz) de agua fría

1 taza (250 ml/8 fl oz) de crema espesa (doble)

½ cucharadita de extracto (esencia) de vainilla

Azúcar glass para espolvorear (opcional)

Rinde de 4 a 6 porciones

1 Engrase ligeramente con mantequilla un molde para carlota con capacidad de 1.5 l (1½ qt) o plato para soufflé con lados de 10 cm (4 in). Corte un papel encerado (para hornear) al tamaño de la base del molde. Corte otro trozo de papel de 10 cm (4 in) de ancho y lo suficientemente largo para cubrir la pared del molde. Presione el papel encerado alrededor del interior del molde; debe quedar al ras.

2 Coloque las soletas con la parte plana hacia arriba sobre una superficie de trabajo y barnice con un poco de la *framboise*. Cubra los lados del molde preparado con las soletas más bonitas, colocando el lado redondo hacia el molde. Reserve las soletas restantes para otro uso.

3 Reserve ¾ taza (90 g/3 oz) de las frambuesas para adornar. En un procesador de alimentos, mezcle las frambuesas restantes con las fresas y haga un puré suave. Cuele a través de un colador de malla fina sobre un tazón grande, presionando sobre las frambuesas con el revés de una cuchara. Integre la ½ taza de azúcar granulada y la *framboise* restante. Reserve 1 taza (250 ml/8 oz) y refrigere hasta el momento de usarla.

4 En un tazón pequeño, espolvoree la grenetina sobre el agua hirviendo y mezcle para disolver. Deje enfriar a temperatura ambiente, integre con las frambuesas en el tazón y haga un puré. Reserve..

5 Coloque las yemas de huevo en un tazón térmico. En una olla pequeña sobre calor alto, mezcle las 3 cucharadas de azúcar granulada y el agua fría. Hierva y cocine 1 ó 2 minutos, hasta que el azúcar se disuelva. Vierta lentamente la mìel de azúcar a las yemas de huevo,

batiendo constantemente. Coloque el tazón sobre (pero sin tocar) agua hirviendo a fuego lento en una olla y cocine, batiendo constantemente, de 3 a 5 minutos, hasta que la mezcla esté espesa y de color amarillo claro; no deje que hierva. Coloque el tazón dentro de otro tazón más grande parcialmente lleno con agua con hielo y bata, hasta que la mezcla esté fría y caiga en sí misma formando un listón que se desvanezca sobre su superficie. Reserve.

6 En un tazón grande, usando una batidora eléctrica a velocidad media-alta, bata la crema hasta que se formen picos medio-firmes. Reserve.

7 Agregue la mezcla de yemas de huevo y la vainilla al puré. Mezcle hasta incorporar. Añada la mezcla de crema batida, colocándola a los lados del tazón para que no aplaste la crema. Usando una espátula de goma, incorpore el puré con la crema. Pase la mezcla cuidadosamente al centro del molde. Cubra con plástico adherente y refrigere por lo menos 5 horas o durante toda la noche.

8 Retire la envoltura de plástico, invierta el molde sobre un platón de servicio bien frío y levántelo. Cuidadosamente retire el papel. Espolvoree las soletas con azúcar glass, si la usa. Coloque el puré reservado alrededor de las orillas de la carlota y adorne con las frambuesas reservadas. Corte en rebanadas y sirva.

Sirva con un vino blanco dulce y perfumado como el Muscat de Beaumes-de-Venise o un Muscat de Alsacia.

POIRES AU VIN ROUGE

Peras en Vino Tinto con Especias

Las jugosas peras de la Loire son una de las delicias de otoño, y aproximadamente se cultivan cien variedades de heriloom en esta región. Pero las grandes huertas comerciales de Provenza y Rhône-Alpes proporcionan la mayor parte de las peras que se cosechan en Francia, siendo la pera Williams, o Bartlett, la que más se cultiva. Las peras cocidas en vino tinto son un postre conocido tanto en las casas como en los restaurantes. Si le sobran peras, se pueden usar para hacer otro postre favorito de los parisinos, una tarte aux poires, hecho de rebanadas de fruta cubiertas con una capa de natilla.

1 Usando un cuchillo filoso, corte una rebanada delgada de la parte inferior de cada pera para que se pueda mantener en posición vertical al servirla. Posteriormente, usando un descorazonador de manzanas o un pequeño cuchillo filoso, descorazone cada pera por la parte inferior, dejando los tallos intactos. Retire la piel de las peras y colóquelas sobre su lado, dentro de una olla grande y gruesa de material no reactivo.

2 Agregue el vino, ½ taza del azúcar, la raja de canela y el brandy; hierva sobre calor alto. Reduzca el calor a bajo, tape y hierva a fuego lento durante 10 minutos. Voltee las peras, vuelva a taparlas y hierva a fuego lento, de 20 a 25 minutos, hasta que se sientan suaves al picarlas con un pincho. Usando una cuchara ranurada, pase las peras a un tazón.

3 Vuelva a poner el líquido de cocción sobre fuego alto y cocine de 15 a 20 minutos, hasta que se reduzca y forme una salsa tipo almíbar. Vigile con cuidado para evitar que se queme.

4 Pruebe la miel y agregue ¼ de taza (60 g/2 oz) de azúcar si fuera necesario. Caliente, moviendo para disolver el azúcar, agregue la vainilla, el Oporto y el jugo de limón para darle un toque ácido. Retire del calor..

5 Las peras se pueden servir calientes o frías. Para servirlas calientes, colóquelas en posición vertical sobre platos individuales y báñelas con la miel caliente. Para servirlas frías, tape y enfríe tanto las peras como la miel, sirva de la misma manera. También puede servir las peras rebanadas y cubiertas con la salsa, o enteras, en posición vertical sobre un espejo de miel.

Sirva con un vino tinto dulce y fortificado como el Banyuls o quizás con eau-de-vie de pera.

6 peras maduras pero firmes tipo Bartlett (de Williams), aproximadamente 1 kg (2 lb) en total

1 botella (750 ml) de vino tinto seco frutado como el Beaujolais

De ½ a ¾ taza (125 a 185 g/4–6 oz) de azúcar, o al gusto

1 raja de canela

3 cucharadas de brandy o Cognac (página 185)

¼ cucharadita de extracto (esencia) de vanilla

De 2 a 3 cucharadas de Oporto o crème de cassis

Jugo de limón fresco, el necesario

Rinde 6 porciones

Detrás de las Cámaras en un Restaurante Parisino

Detrás de la elegancia sofisticada que prevalece en el comedor de todo restaurante parisino de la actualidad, se encuentra una cocina bien dirigida. La cocina de Le Cinq (página 18) es el mejor ejemplo de ello. Debido a que es una cocina de hotel, está ocupada las 24 horas del día. El personal compuesto de cerca de 80 empleados consta de varios equipos divididos en una base de veinticuatro horas. Todo lo que hay en el restaurante, excepto el pan y los panecillos del desayuno, que se compran en una *boulangerie* elegida, se hace de improviso. Incluso ahí se preparan los cortes de carne.

Los chefs empiezan el *mise-en-place*, o sea la preparación por anticipado y la organización de los alimentos, por lo menos una hora y media antes de abrir las puertas. Cuando entra la primera comanda, el servicio conocido como *coup de feu* (literalmente, "como de rayo"), empieza oficialmente y los chefs cambian de la preparación a los platos terminados. Ahora es el momento de la acción, el momento en que la carne se coloca sobre las sartenes para saltearse, el pescado se pone a cocer y las salsas a hervir a fuego lento. El último paso al hacer cualquier platillo es el minucioso examen del chef principal. Posteriormente un mesero lo lleva al comedor y al afortunado comensal.

CRÈME BRÛLÉE

Natilla al Caramelo

Esta receta es de la chef Paule Caillat, que maneja el Promenades Gourmandes, una prestigiada combinación de una sola mujer que incluye una escuela de cocina y una compañía de recorridos turísticos. Sus clases de cocina se llevan a cabo en la espaciosa cocina de su departamento ubicado en Marais, y sus recorridos culinarios guían a los participantes a través de una gran cantidad de mercados exteriores, panaderías, tiendas de queso y vino. Los cocineros franceses han hecho la crème brûlée por lo menos desde finales del siglo XVII. No existe la duda de que se originó en cocinas de granjas, donde las amas de casa a menudo se enfrentaban con un exceso de huevos y crema. Hoy en día, es un artículo regular dentro de los menús de los bistros y brasseries de todo París.

1 huevo, más 7 yemas de huevo

¾ taza (185 g/6 oz) de azúcar granulada

3½ tazas (875/28 fl oz) de crema espesa (doble)

1 vaina de vainilla, cortada a lo largo

½ taza (105 g/3½ oz) compacta de azúcar moscabada

Rinde 8 porciones

1 En un tazón, bata el huevo entero, las yemas de huevo y el azúcar granulada. Reserve.

2 Vierta la crema en una olla pequeña y agregue la vaina de vainilla partida Coloque sobre calor medio y cocine de 5 a 10 minutos, hasta que se formen burbujas alrededor de su orilla; no deje que hierva. Retire del calor.

3 Usando una cuchara ranurada, pase la vaina de vainilla partida a un plato. Cuando la vaina se enfríe lo suficiente para poder tocarla, use la punta de un cuchillo, raspe las semillas hacia la crema; deseche la vaina. Bata gradualmente la crema caliente con la mezcla de huevo. Deje reposar por lo menos 15 minutos a temperatura ambiente o hasta por 1 hora para que se mezclen los sabores.

4 Precaliente el horno a 165°C (325°F). Pase la natilla a través de un colador de malla fina y vierta hacia 8 platos refractarios redondos u ovalados o ramekins con capacidad de ¾ taza (180 ml/6 fl oz), dividiéndola uniformemente. Coloque los platos en un refractario grande y vierta agua caliente dentro del refractario hasta cubrir la mitad de los lados de los refractarios. Cubra el refractario con papel aluminio.

5 Hornee las natillas cerca de 1 hora, hasta que estén firmes en las orillas pero los centros aún se muevan ligeramente cuando los agite con suavidad.

Saque el refractario del horno y retire las natillas. Cuando estén frías, tape con plástico adherente y refrigere hasta que estén muy frías, por lo menos 1 hora o durante toda la noche. Las natillas deben estar muy frías antes de cubrirlas con azúcar y caramelizarla, o se suavizarán.

6 Justo antes de servirlas, retire las natillas del refrigerador y acomode sobre una charola de hornear. Espolvoree el azúcar moscabado uniformemente sobre las natillas. Usando una antorcha de cocina, y deteniéndola de 5 a 7.5 cm (2–3 in) de la superficie, caramelice el azúcar, moviendo constantemente la flama sobre la superficie, durante 30 segundos, hasta que el azúcar burbujee. O, si lo desea, precaliente un asador. Coloque las natillas en el asador de 2.5 a 5 cm (1–2 in) de la fuente de calor y ase 1 ó 2 minutos, hasta que el azúcar se derrita y caramelice.

7 Vuelva a poner las natillas en el refrigerador durante 10 minutos para dejar que el azúcar derretido se endurezca y se haga crujiente; sirva de inmediato.

Sirva con un vino blanco dulce y perfumado como el Muscat de Rivesaltes o el Muscat de Beaumes-de-Venise.

CRÊPES SUCRÉES, TROIS MANIÈRES

Crepas con Tres Rellenos Dulces

A diferencia de las crepas más pesadas y rústicas de Bretón hechas de trigo sarraceno, las típicas crepas parisinas que se venden en las banquetas se hacen vertiendo una ligera mezcla de huevo, leche y harina de trigo sobre una parrilla caliente y redonda. Los rellenos son diferentes, variando desde jalea de fruta o azúcar y limón hasta nutella o chocolate rallado. Las crepas de la calle son ideales para los transeúntes; se rellenan, enrollan y envuelven en un cono de papel para después entregar al cliente. Entrada la noche o a media tarde, la gente que pasea disfrutando el palpitar de la gran ciudad por lo regular se para a comprar una de estas depuradísimas delicias parisinas.

1 Para hacer la masa de las crepas, bata los huevos con la leche y el agua. Integre la harina, azúcar, sal, 1 cucharada de mantequilla derretida y el aceite de canola, batiendo para deshacer todos los grumos posibles. Deje reposar la masa durante 30 minutos a temperatura ambiente.

2 Coloque una sartén para crepas o una sartén antiadherente para freír con lados bajos de 25 cm (10 in) sobre calor medio. Caliente hasta que esté bastante caliente. Barnice ligeramente la sartén con mantequilla derretida. Vierta cerca de 3 cucharadas de la masa a la sartén y gírela inmediatamente para que la masa se extienda formando una capa delgada en la superficie, retire el exceso de masa poniéndola en el tazón. Cocine cerca de 2 minutos, hasta que la base de la crepa esté ligeramente dorada en algunos puntos y las orillas se separen ligeramente de la orilla de la sartén. Usando una espátula, voltee con cuidado y cocine por el otro lado durante 30 segundos. Coloque la crepa en un plato. Repita la operación con la masa restante, apilando las crepas a mediada que las va haciendo y barnizando la sartén caliente con mantequilla derretida entre cada crepa.

3 Para rellenar las crepas, vuelva a calentar la sartén sobre calor medio, hasta que esté caliente. Coloque una crepa en la sartén, con su lado dorado hacia abajo. Para hacer una crepa de plátano con avellanas, rápidamente cubra con una capa uniforme de mezcla de chocolate y avellana y cubra con la mitad de las rebanadas de plátano. Para hacer una crepa de miel y almendras, rocíe rápidamente con la miel y cubra con las almendras rebanadas. Para hacer una crepa dulce de limón, espolvoree rápidamente con el azúcar glass y bañe con el jugo de limón. Cocine cerca de 1 minuto, hasta que las crepas estén calientes. Usando una espátula, doble la crepa a la mitad y vuelva a doblar para formar un triángulo. Sirva de inmediato.

PARA LA MASA DE LAS CREPAS

3 huevos

⅔ taza (160 ml/5 fl oz) de leche

½ taza (125 ml/4 fl oz) de agua

¾ taza (125/4 oz) de harina de trigo (simple)

1 cucharadita de azúcar granulada

½ cucharadita de sal

1 cucharada de mantequilla sin sal, derretida, más otra poca para barnizar

1 cucharada de aceite de canola

PARA CADA CREPA DE PLÁTANO Y AVELLANA

1½ cucharada de crema de chocolate y avellana tipo Nutella

½ plátano pequeño, firme y maduro, en rebanadas delgadas

PARA CADA CREPA DE MIEL Y ALMENDRAS

2 cucharaditas de miel

1 cucharada de almendras rebanadas (hojuelas), tostadas (página 185)

PARA CADA CREPA DULCE DE LIMÓN

2 cucharaditas de azúcar glass

1 cucharadita de jugo de limón fresco

Rinde aproximadamente para 12 crepas, o de 4 a 6 porciones

Crêpes

Es difícil imaginar la época cuando las calles de París no tenían crepas, y de hecho, el registro de las primeras recetas es de París. Actualmente, los vendedores de crepas operan pequeños puestos en las banquetas de toda la ciudad, especialmente a lo largo del Boulevard Saint-Germain y el mercado de pulgas en Porte de Clignancourt.

También encontrará *crêperies* formales en París, locales para comer sentado en las que puede ordenar una comida de tres platos, empezando con una ensalada o sopa o quizás una entrada a base de crepas, y continuar con un plato principal y un postre, ambos hechos con crepas. Muchas de las *crêperies* se localizan en Montparnasse, y tienen las tradicionales crepas de trigo sarraceno de Bretón de color grisáceo, crujiente y natural. Algunas veces un restaurante o bistro ofrecerá crepas como entrada, por lo general rellenas con jamón o mariscos, cubiertas con salsa bechamel y gratinadas. Y las posibilidades del postre son tan irresistibles: incluyendo crepas rellenas de natilla de limón cubierta de puré de castaña para hacer un elegante *gâteau*, o dobladas en cuartos y mezcladas con una miel caliente y dulce para las clásicas crêpes Suzette.

POTS DE CRÈME AU CHOCOLAT

Natillas de Chocolate

Un pot de crème es una sencilla natilla o crema cocida para el postre, hecha principalmente de leche, crema, azúcar, yemas de huevo y algún saborizante. Los cocineros franceses agregan un huevo entero por cada cinco o seis yemas, ya que la clara ayuda a cuajar la mezcla lo suficiente para producir ese ligero temblor deseado cuando se agita el recipiente de una natilla. Los creativos chefs de los bistros parisinos hacen este delicado y suave postre en una gran variedad de sabores irresistibles, que van desde vainilla, café o agua de flor de naranja hasta el anís estrella, jengibre o el delicioso chocolate oscuro usado en esta receta. Las pots de crème tradicionalmente se hornean y se sirven en tarros individuales con recubrimiento de porcelana.

1½ taza (375 ml/12 fl oz) de leche

1 taza (250 ml/8 fl oz) de crema espesa (doble)

1 taza (220 g/7 oz) de azúcar super fina (caster)

250 g (8 oz) de chocolate semi amargo de la mejor calidad, picado en trozos pequeños

2 cucharadas de cocoa en polvo, sin edulcorantes

Una pequeña pizca de sal

1 huevo entero, más 6 yemas de huevo

½ cucharadita de extracto (esencia) de vainilla

Crème chantilly (página 185), para acompañar

Rinde 8 porciones

1 Precaliente el horno a 180°C (350°F). En una olla gruesa sobre calor medio, mezcle la leche, crema y azúcar. Cocine de 5 a 6 minutos, moviendo para disolver el azúcar, hasta que se formen pequeñas burbujas alrededor de la orilla de la sartén. Retire del fuego y agregue el chocolate, cocoa y sal. Vuelva a poner a fuego medio y cocine una vez más, moviendo constantemente, de 3 a 4 minutos más, hasta que se formen pequeñas burbujas alrededor de la orilla de la sartén. Si quedara algún grumo del polvo de cocoa en la mezcla, presiónelo contra la orilla de la sartén con ayuda de una cuchara. Retire del fuego.

2 En un tazón, bata el huevo entero y las yemas de huevo hasta integrar por completo. Incorpore unas cuantas cucharadas de la mezcla de chocolate caliente y bata hasta integrar. Agregue otras cuantas cucharadas de la mezcla de chocolate caliente, integre y vierta lentamente la mezcla de chocolate y huevo hacia la mezcla de chocolate restante mientras bate constantemente. Integre la vainilla. Pase la mezcla a través de un colador de malla fina hacia un tazón con pico o una jarra.

3 Divida la mezcla uniformemente entre ocho trastes pequeños para pot de crème con capacidad de ½ a ¼ taza (125 a 180 ml/4–6 fl oz) o ramekins, llenándolos casi hasta arriba. Coloque las vasijas en una charola grande para hornear y vierta agua caliente en la charola hasta cubrir la mitad de los lados de las vasijas. Cubra la sartén con papel aluminio.

4 Hornee las natillas de 20 a 25 minutos, hasta que las orillas estén firmes pero los centros aún se muevan ligeramente cuando se agiten las vasijas. Saque la charola del horno y retire las natillas de la charola. Cuando estén frías, tape con plástico adherente y refrigere hasta que estén muy frías, por lo menos 2 horas o hasta por 2 días.

5 Sirva las natillas de chocolate frías, adornando con crema chantilly.

Sirva con un vino dulce y fortificado como el Maury o el Banyuls, o si desea un vino seco, elija vino tinto Côtes du Rousillion.

GLOSARIO

ACEITE DE OLIVA Un ingrediente básico de la cocina mediterránea, el aceite de oliva juega un importante papel en la cocina francesa, particularmente en Provenza en donde se producen algunos de los aceites de oliva de la mejor calidad. El aceite que se obtiene de la primera prensada de las uvas, contiene menos del 1% de acidez, es etiquetado "extra virgen". Los aceites de oliva más frutados y más caros, son los más usados para aderezar ensaladas y rociar sobre paltillos terminados, en donde el sabor se puede apreciar más ampliamente. El aceite filtrado y refinado, etiquetado "puro" o simplemente "aceite de oliva", tiene un punto de ahumado más alto y un sabor más suave. Estos aceites más claros y menos frutados combinan suavemente con otros ingredientes y son ideales para cocinar. Almacene todos los aceites de oliva lejos de la luz y el calor.

AÏOLI Esta clásica mayonesa de Provenza con sabor a ajo se sirve para acompañar verduras crudas o como guarnición de pescados cocidos (página 135) y de otros platos principales. Para hacer el *aïoli*, machaque en un mortero con su mano 3 dientes de ajo con una pizca de sal. Incorpore 1 yema de huevo y el jugo de ¼ limón y una pequeña pizca de pimienta de cayena. Pase la mezcla a un tazón y agregue ¾ de taza (180 ml/6 fl oz) de aceite de oliva extra virgen, unas gotas al principio y después en hilo continuo, batiendo constantemente hasta que todo el aceite se integre por completo y la mezcla esté espesa y brillante. Pruebe y rectifique la sazón con sal, jugo de limón y cayena. Tape y refriere por lo menos durante 1 hora o hasta por 3 días. Note que el *aïoli* contiene huevo crudo. Para más información, vea "Huevo, Crudo" en este glosario.

ALCAPARRAS Crecen de forma silvestre por todo el sur de Francia, el arbusto de las alcaparras proporciona diminutos botones de color verde grisáceo que se preservan en sal o en vinagre para producir un fuerte sazonador o guarnición, se usa entero o finamente picado. Provenza es reconocida por sus pequeñas alcaparras de color verde oscuro, que están etiquetadas "non-pareil", un reconocimiento a su excelencia. Las alcaparras se venden en salmuera, vinagre o sal de mar y deben enjuagarse antes de usarse.

ALMENDRAS Las semillas de una fruta seca de la familia de los duraznos son la fuente de estas aromáticas nueces. Al tostarlas se realza su sabor, ya sea que se usen enteras o rebanadas (hojuelas), o picadas.

PARA TOSTAR ALMENDRAS REBANADAS, coloque las almendras en una sartén para freír sobre calor medio y

tueste, moviéndolas con frecuencia, cerca de 4 minutos, hasta dorar. Inmediatamente pase a un plato y deje enfriar.

AVELLANAS El cultivo francés de estas deliciosas y gordas nueces ligeramente dulces, llamadas *noisettes*, se limita al suroeste, a Córcega y al sur de Languedoc-Roussillon. Las avellanas (filberts), por lo general se usan en postres, pero también aparecen en ensaladas, verduras y otros platillos sazonados. Para obtener el mejor sabor, compre avellanas enteras en vez de picadas.

AZAFRÁN Los estigmas de azafrán secos son una variedad del croco, esta especia se usa en diferentes partes de Francia, principalmente en Provenza, para dar un delicioso sabor perfumado y un brillante color dorado a algunos platillos sazonados así como a otros platillos dulces. Aunque el azafrán se cultiva cerca de Orleáns, al oeste de París, por lo general el de España se considera el azafrán más fino. Para obtener el mejor sabor, siempre compre la especia en estigmas enteros, o hilos, en lugar del azafrán en polvo.

BOUQUET GARNI Este término francés se refiere a un manojo de hierbas aromáticas que sirve para dar sabor a caldos y salsas mientras se cocinan. Por lo general contiene perejil, tomillo y hojas de laurel y también puede incluir las hojas externas de un poro o un pequeño tallo de apio. Para hacer un bouquet garni, coloque un cuadro de manta de cielo (muselina) de 20 cm (8 in) sobre una superficie de trabajo y coloque en el centro ½ tallo de apio, incluyendo sus hojas, cortadas en tiras de 5 cm (2 in); 2 ó 3 ramas de perejil fresco liso (italiano); 2 ó 3 ramas de tomillo; 1 hoja de laurel y de 8 a 10 granos de pimienta. Doble a la mitad 4 de las hojas exteriores del poro de 10 cm (4 in) de largo y agregue los demás ingredientes. Una las puntas de la manta de cielo y amarre fuertemente con cordón de cocina.

CEPA DE APIO También llamado apio papa, esta verdura es un tubérculo lleno de nudos que nace de la planta de apio que se cultiva específicamente por su raíz. La planta no es la misma variedad que produce los conocidos manojos de apio, su raíz tiene un sabor parecido aunque más fuerte. Una vez que se retira la piel café del bulbo, su pulpa suave de color marfil se puede rallar para hacer ensaladas como en la receta de *céleri-rave rémoulade* (página 78), o cocinarse y usarse prácticamente de la misma manera que una papa (página 151).

COGNAC Este brandy preciado se produce en una región muy específica alrededor de la aldea de Cognac en la zona de Charente, al oeste de Francia. El vino blanco hecho de las uvas de la región se destila dos veces y se añeja por lo menos durante 2 años o hasta por 50 años en barricas de roble que imparten un distintivo tinte ámbar y un delicioso aroma y sabor.

CRÈME CHANTILLY Esta sencilla salsa francesa para postres está hecha de crema batida hasta espesar ligeramente, posteriormente se endulza y se le da sabor. Se sirve sobre postres o como espejo sobre un plato de postre. Para hacer crème chantilly, bata en un tazón profundo, 1 taza (250 ml/8 fl oz) de crema espesa (doble) justo hasta que esté lo suficientemente compacta para que el batidor deje una marca al jalarlo sobre la superficie. Integre 2 cucharadas de azúcar glass y ½ cucharadita de extracto (esencia) de vainilla.

CRÈME FRAÎCHE Una crema fresca ligeramente acidulada, la crème fraîche se usa para cubrir fruta y otros postres y para enriquecer salsas o sopas ya que no se separa al hervir. La puede comprar o hacerla usted mismo. Para hacer crème fraîche, mezcle 1 taza (250 ml/8 fl oz) de crema espesa (doble) (no use crema ultra pasteurizada) y 1 cucharada de buttermilk o yogurt en una olla sobre calor medio-bajo. Caliente únicamente hasta entibiar; no deje que hierva. Retire del fuego, tape y deje reposar a temperatura ambiente hasta que esté tan espesa y tenga el sabor que usted desee, por lo menos durante 8 horas o hasta por 48 horas. Refrigere la crème fraîche hasta que esté muy fría antes de usarla.

CHALOTE Este pequeño miembro de la familia de la cebolla tiene un delicado lóbulo venoso de color lavanda bajo una piel dorada apergaminada. Más suave que las cebollas, los chalotes se hacen dulces y suaves cuando se cuecen. Comúnmente se usan en recetas en donde el sabor de la cebolla sería demasiado fuerte.

ENDIVIA BELGA Las hojas de este miembro de la familia de las chicorias con forma de torpedo tienen un sabor ligeramente suave y una textura crujiente muy apreciada en las ensaladas. Algunas veces las cabezas enteras se asan en la sartén o a la parrilla. La variedad más común tiene hojas con punta amarilla. Las hojas que tienen puntas rojas tienen el mismo sabor y se pueden encontrar en mercados especiales.

FOIE GRAS El delicioso y cremoso hígado de ganso o de pato de engorda es una de las glorias de la cocina francesa. Las presentaciones más comunes son el *foie* *gras cru*, o crudo; *foie gra frais*, ligeramente cocido (pasteurizado); *foie gras en conserve*, en conserva (esterilizado); y *bloc de foie gras*, un trozo grande de foie gras empacado en una mezcla de foie gras. Para cocinar foie gras como se describe en la página 82, busque *foie gras frais*. Debe ser de color beige claro, tener una superficie suave, estar ligeramente firme al tacto y tener un olor fresco. Si las orillas están cafés o aparecen puntos blancos, esto indica que el hígado está viejo y que no debe comerse; si tiene manchas claras éstas no afectan al sabor. Evite el foie gras con mucha grasa visible o demasiadas venas. Por lo general los hígados más pequeños tienen más valor que los grandes, que tienden a encogerse más.

FRAMBOISE Un tipo de brandy de fruta conocido como *eau-de-vie* (agua de vida), *el framboise* es un licor fuerte y claro destilado del jugo fermentado de frambuesas. Se sirve antes o después de la cena y es muy usado para hacer postres. *Fraise des bois* es *eau-de-vie* con sabor a fresas.

FRISÉE Las hojas claras, puntiagudas y ligeramente amargas de la frisée son un ingrediente común en las ensaladas francesas, especialmente en la popular *Salade Frisée aux Lardons* (página 96) en la cual las hortalizas se mezclan con trozos de tocino no ahumado y se aderezan en una vinagreta. La lechuga frisée es una variedad inmadura de chicoria, también conocida como endivia escarola.

HARICOTS VERTS Los franceses cultivan una gran variedad de leguminosas, algunas de las cuales se pueden comer enteras, con todo y vainas y otras que se deben pelar y comerse frescas, o secas y almacenarse para otro uso. Las vainas frescas que se comen enteras son conocidas con el nombre de *hariots verts*, o "ejotes verdes", aunque algunas variedades pueden ser de color amarillo claro. Son preciados especialmente cuando son pequeños, delgados, jóvenes y muy tiernos, antes de que las semillas tengan la oportunidad de desarrollarse.

HERBES DE PROVENCE Esta mezcla de hierbas que crecen de forma silvestre sobre las laderas secas y rocosas de Provenza agregan un distintivo sabor rústico a muchos platillos, especialmente a la carne y pollo asado. La mezcla por lo general contiene lavanda, tomillo, albahaca, semillas de hinojo y ajedrea, pero la cantidad y proporción de las hierbas puede variar de un productor a otro. También puede incluir mejorana, orégano y romero. Busque los pequeños granos color arcilla en la sección de especias de los mercados bien surtidos en los que la mezcla de hierbas viene empacada de modo tradicional.

HIERBAS Tanto las hierbas frescas como las secas juegan un papel muy importante en la cocina francesa, agregándole un delicioso sabor y aroma a numerosos platillos. Tradicionalmente, se usan en combinaciones tales como las *fines herbes* (una mezcla fresca de perifolio, perejil, estragón y cebollín) y las *herbes de Provence* (vea la explicación en este glosario), y se unen haciendo un bouquet garni (página 185)

AJEDREA Una hoja grande y delgada notable por su sabor sumamente ácido, agrio y parecido al limón. Las hojas delicadas tienen la propiedad poco común de derretirse para convertirse en puré cuando se exponen al calor y se usan mucho para sazonar salsas, sopas y rellenos. Las hojas muy tiernas se usan crudas en ensaladas.

CEBOLLÍN Un delgado tallo verde miembro de la familia de la cebolla. El cebollín fresco proporciona un ligero sabor a cebolla a las ensaladas y a otros ingredientes con sabor delicado como huevos, quesos, mariscos y pollo.

ESTRAGÓN Estas hojas delgadas de color verde oscuro, con un aroma ligeramente a anís, se encuentran entre las hierbas preferidas de los huertos franceses. El estragón es un ingrediente esencial en las *hierbas finas*. También se usa para sazonar salsas y aderezos, mariscos, pollo y huevos y para perfumar el vinagre de vino y la mostaza de Dijon.

HOJAS DE LAUREL Hojas largas y puntiagudas del árbol siempre verde de laurel del Mediterráneo. Se agregan frescas o secas a platillos hervidos a fuego lento.

PERIFOLIO Una hierba de primavera con hojas en forma de flor y con un sabor que recuerda al perejil y al anís. Es mejor conocido como un ingrediente de las *hierbas finas* y combina bien con alimentos delicados como ensaladas, verduras cocidas, huevos, mariscos y pollo.

ROMERO Lleva su nombre por el nombre latín para "rosa del mar". Este arbusto siempre verde crece gracias a la brisa de la Francia del Mediterráneo. Su muy aromático sabor combina bien con carne y pollo, así como con jitomates y otras verduras.

SALVIA Una hierba color verde grisáceo sumamente aromática, con rastros de sabor amargo y dulce. Es especialmente popular en Provenza, en donde se usa para sazonar puerco, ternera, aves y carnes curadas.

TOMILLO Una hierba aromática con sabor floral y natural, que crece en forma silvestre en el sur de Francia. El tomillo se usa para sazonar deliciosas carnes como cordero, puerco, pato y ganso y es un ingrediente tradicional de las *herbes de Provence* y de un *bouquet garni*.

HIERBAS DE CANÓNIGO (MCHE) También conocidas como lechuga de cordero o ensalada de maíz, esla hortaliza se parece a los rosetones compactos de las hojas de berro ligeramente alargadas. Se cultiva en forma silvestre en Francia durante el otoño y también se cultiva desde fines de verano hasta principios de primavera. Las deliciosas hojas suaves a menudo se comen crudas en ensaladas y también se pueden cocinar.

HINOJO Esta verdura, con su sabor dulce a anís, es popular en el Mediterráneo, en especial en Provenza. Los tallos, que parecen tallos de apio, emergen de un bulbo con capas que van del blanco al verde claro. Las semillas rayadas se usan para darle sabor a platillos como la bouillabaisse, salchichas y asados.

HONGOS CEMA La firme textura, delicioso sabor y dulce aroma de los hongos cema o cemita los hace muy cotizados en toda Europa. Estos hongos silvestres tienen sombrillas café claro sobre tallos gruesos. Los hongos cema, también conocidos como hongos porcini u hongos cemita, se pueden encontrar más fácilmente secos fuera de Europa.

HONGOS MORILLA Los hongos morilla se distinguen por una sombrilla larga, y ovalada con una red de grietas profundas y un aroma intenso y húmedo. Las arenillas y la suciedad se meten fácilmente en sus sombrillas alveoladas. Por lo tanto, a diferencia de la mayoría de los demás hongos, los hongos morilla se deben remojar brevemente en agua fría con un poco de vinagre antes de cocinarlos, escurra y seque con toallas de cocina limpias y secas.

HUEVOS, CRUDOS Los huevos algunas veces se usan crudos o parcialmente cocidos en salsas francesas y otras preparaciones, desde la mayonesa hecha en casa (busque "Aïoli" en este glosario) hasta los huevos horneados en *cocotte* (página 95). Estos huevos corren el riesgo de estar infectados con salmonela u otra bacteria, que puede envenenar los alimentos. Este riesgo es más peligroso para niños pequeños, gente mayor, mujeres embarazadas y aquellas personas con un sistema inmunológico débil. Si está preocupado por su salud y seguridad, no consuma huevos crudos o parcialmente cocidos.

JITOMATE Llevado a Europa del Nuevo Mundo por los exploradores españoles en el siglo XVI, los jitomates se han convertido en un ingrediente importante en la cocina francesa, en particular durante el verano cuando están en su mejor época.

PARA RETIRAR LAS SEMILLAS DE JITOMATES

FRESCOS, corte el jitomate a la mitad a lo ancho y, trabajando sobre un tazón, exprima suavemente cada mitad, desprendiendo con la punta de sus dedos la pulpa acuosa y los sacos de semillas que estén demasiado pegados.

LARDONS Este término francés se refiere a las tiras pequeñas o a los cuadros de grasa que se cortan de la panza de un cerdo. A menudo se saltean hasta que estén crujientes y se agregan a las ensaladas y otros platillos, incluyendo cocidos, papas a la francesa y omelets. En Estados Unidos, se puede encontrar "*slab bacon*" (sin corteza), que viene del dorso del cerdo, y puede ser un buen sustituto para los *lardons*. También se puede usar puerco salado, que viene de la panza del puerco, o pancetta, un tocino italiano curado sin ahumar.

MOSTAZA DIJON Aproximadamente la mitad de la mostaza preparada en Francia viene de la ciudad de Dijon en Borgoña. Este distintivo producto se hace al mezclar una harina fina molida de semillas de mostaza negras y cafés con *verjus*, el jugo de uvas que no han madurado. El resultado, una mezcla balanceada de sabores fuertes, picantes y cremosos, se usa tanto como condimento o sazonador. Algunas marcas pueden ser más fuertes que otras; si desea una variedad suave y de calidad, busque la marca Maille o la Maître Jacques.

OPORTO Un vino fortificado de cuerpo entero, el Oporto, lleva este nombre por el lugar en el que fue embarcado por primera vez, la ciudad de Oporto, al norte de Portugal. Es una bebida clásica para después de la cena, así como un excelente acompañamiento para un plato de quesos. El oporto también agrega un intenso sabor cuando se integra a las salsas sazonadas.

POLVO DE CINCO ESPECIAS Un sazonador común para el pollo asado del sur de China y Vietnam, la mezcla no siempre contiene cinco especias a pesar de su nombre. Por lo general incluye anís estrella, casia (un tipo de canela), hinojo, clavos y granos de pimienta Sichuan. Algunas veces se le agrega jengibre y/o cardamomo.

POROS Una cosecha esencial del *potager* o "huerto francés", los poros se pueden encontrar en el mercado durante todo el año. Su suave sabor a cebolla y su sedosa textura los convierte en un popular primer plato o guarnición (página 105). Los poros deben lavarse cuidadosamente para retirar las arenillas que se alojan entre sus hojas. Para lavar los poros, recorte los hilos de las raíces pero deje la raíz intacta. Corte las puntas de las hojas color verde oscuro, pele las hojas exteriores descoloridas del tallo. Parta los tallos a lo largo, enjuague

bien bajo el chorro de agua fría, separando cuidadosamente las capas para retirar cualquier suciedad.

QUATRE ÉPICES Quiere decir "cuatro especias" en francés, *quatre épices* es una mezcla clásica de especias cuyo sabor suave, dulce y natural se usa para sazonar carnes, terrinas, patés, caldos y salsas. Lo puede comprar, o puede hacer el suyo propio. Para hacer *quatre épices*, muela en un mortero con su mano, aproximadamente 1½ cucharadita de pimienta de jamaica y 1½ cucharadita de clavo entero y pase a un tazón pequeño. Ralle 1 nuez moscada entera y pase al tazón con 1 cucharadita de canela molida. Mezcle, pase a un frasco, tape bien y almacene en un lugar oscuro y fresco. La pimienta de jamaica sencilla puede sustituir a *quatre épices* en aquellas recetas que lo pidan.

RADICCHIO Esta variedad de chicoria se caracteriza por tener hojas con una crujiente textura y un sabor agradablemente amargo. El tipo más conocido es la cabeza compacta y redonda de hojas jaspeadas de color borgoña. Los mercados que los venden algunas veces tienen cabezas largas con hojas rojas con costillas blancas o verdes con puntas rojas. Las hojas toscas saben bien en una ensalada, y su asertivo sabor también resalta los platillos cocidos.

SAL DE MAR Cultivada a orillas del Mediterráneo y la costa del Atlántico de Francia, la sal de mar es apreciada por su delicioso sabor mineral y la ausencia de aditivos. Se puede encontrar fina, ideal para disolverse rápidamente durante el cocimiento, o gruesa, que agrega una textura agradable a los alimentos justo antes de servirlos. Un suave olor de violeta infunde la sal más fina, conocida como *fleur de sel*, o "flor de sal." La sal kosher puede sustituirse por sal fina del mar.

VINAGRE La palabra *vinegar* viene de las palabras francesas *vin aigre*, que significan "vino agrio". El nombre describe perfectamente lo que resulta cuando el vino u otro líquido alcohólico o un jugo de fruta pasa por una segunda fermentación causada por las bacterias del aire, convirtiéndola en ácido. Los mejores vinagres de vino se hacen con vinos de buena calidad y reflejan las características de los vinos blancos o tintos de los cuales fueron hechos. Otros tipos populares de vinagre incluyen el vinagre de frambuesa, hecho al macerar frambuesas frescas en vinagre de vino blanco de buena calidad; vinagre de sidra producido de sidra de manzana y vinagre de jerez, originario de España y que tiene un fuerte sabor. Los cocineros franceses también usan vinagre balsámico, hecho de uvas Trebbiano blancas y añejado en barriles de madera en donde se hace oscuro, dulce y suave.

FUENTES DE INGREDIENTES

BACCHUS CELLARS

Ingredientes y alimentos especializados para la cocina francesa, incluyendo foie gras de D´Artagnan y quesos.

www.bacchuscellars.com

BEVERAGES & MORE

Vinos franceses, Cognac, pastis y *framboise*.

(877) 772-3866

www.bevmo.com

CHEESE-ONLINE.COM

Selección tradicional de quesos franceses, incluyendo Camembert, Comté, Reblochón, Roquefort y muchos otros más.

www.cheese-online.com

EUROGROCER.COM

Ingredientes y alimentos especializados para la cocina francesa, incluyendo foi gras de D´Artagnan.

www.eurogrocer.com

FRENCH FEAST

Ingredientes y alimentos especializados para la cocina francesa, incluyendo hongos cema y chanterelle secos, trufas, lentejas de Puy, frijoles flageolets secos y sal de mar.

www.frenchfeast.com

LA MAISON DU CHOCOLAT

Variedad de chocolates finos de Francia: trufas, chocolate en barra, cocoa en polvo y otros más.

www.lamaisonduchocolat.com

OLIVIERS & CO..

Aceite de oliva, vinagres, *herbes de Provence* y *quatre épices*.

(877) 828-6620

www.oliviersandco.com

POILÂNE

Pan hecho a mano en forma tradicional, incluyendo el renombrado *miche Poilâne*.

www.poilane.fr

ÍNDICE

AGRADECIMIENTOS

Marlena Spieler desea dedicar este libro al finado Lionel Poilâne, panadero artesanal y alma artística, tristemente finado. Y al depuradísimo parisino Paule Caillat. "Amigos entre sí, y míos." A los amigos, colegas, chefs, tenderos, al acordeonista del *Metro: ¡un grand merci!* También quiere agradecer a los editores Kim Goodfriend por contratarla para hacer un libro acerca de su ciudad favorita y a Heather Belt por su asesoría editorial; Edouard Cointreau; Nadege Marini de Hédiard; Catherine Baschet y Sandra Messier y al equipo de la escuela de cocina Le Cordon Bleu de París; Caroline Mennetrier del hotel Four Seasons George V; Chef Philippe Legendre; Chef Alain Passard; Josephine Bacon y su compañía de traductores, American Pie; Erica Brown; John Hooder y Ollie Odre-Brown; Silvija Davidson; Jenny Linford; Emi Kazuko; Antonietta Stefanic; Sheona Vianello; Jenni Muir; Portia Smith; Paul Balke; Sandy Waks, quien caminó por las calles de París con ella; el artista Alberto Bali, con quien iba a hacer un libro; Philip Melkye; Christian Cardenti; Susie Morgenstern; Lori Fahn y Bob Ferwerter y nuestras noches en el Old Navy en el Boulevard Saint-Germain; Jan y Remington Richmond; Kathleen lucide; Sue Riegel; John Whiting; y al *San Francisco Chronicle*, el cual le permite escribir acerca de sus aventuras con los alimentos. Además quiere agradecer a TF3 (Televisión francesa) por invitarla a participar en el noticiario vespertino para hablar acerca de las trufas, y al Duc de Brissac por invitarla a visitar su precioso castillo en la Loire, en el camino de les *champignons de Paris*. Y gracias a "mon chéri" Alain, por su comportamiento; a Kim Severson, quien probó las fresas en un mercado de París con el asombro de un niño; y al Dr. Leah, Jon y Gretchen, como siempre. Y al pequeño minino animoso Madeleine, que ahora habla bien el francés de los gatos.

Weldon Owen y el equipo fotográfico, incluyendo a Jean-Blaise Hall y Georges Dolese, desean agradecer a Flamant, Apilco y Mauviel por proporcionarnos sus preciosos props, Pierre de Gastines por ayudarnos con las locaciones, Dominique Velasco por dejarnos usar su bello departamento y Juan y Drew por permitirnos usar su fabuloso restaurante Fish durante un día. También quieren ampliar su agradecimiento a los dueños y empleados de restaurantes, panaderías, tiendas y otras empresas culinarias en París quienes participaron en este proyecto: Au Levain du Marais, Autour du Vin, Benoit, Berthillon, Café de Flore, Café Marly, Caviar Kaspia, Champagne J. de Telmont, Charcuterie Charles, Charcuterie Coesnon, Chocolatier Jean-Paul Hévin, E. Dehillerin, Élevage du Vieux Moulin, Fauchon, Foie Gras Luxe, el hotel Four Seasons Geroge V, Fromagerie Fermière de Juchy, G.A.E.C. des Marets Fromage Chèvre, G. Detou, Hédiard, Izraël Épicerie du Monde, Jacques Mélac, J. Molard, Julien, Ladurée, La Maison du Chocolat, Maison de la Truffe, La Maison du Miel, L'Autre Café, Le Bistro Gourmand, Le Châateaubriand, Le Cinq, Le Cochon à l'Oreille, Le Grand Colbert, Le Grand Véfour, Le Marché Mouffetard, Le Marché Richard Lenoir, Le Marché des Enfants Rouges, Les Alouettes, Les Vergers St-Germain, Le Tout Paris, Mariage Frères, Oliviers & Co., Pâtisserie de l'Église, Poilâne y el mercado Rungis.

Weldon Owen también desea agradecer a las siguientes personas y organizaciones por su amable ayuda : Kris Balloun, Carrie Bradley, Ken DellaPenta, Judith Dunham, Kristi Essick, Annete Herskovits, Carolyn Keating, Karen Kemp, Joan Olson, Scott Panton, Chris Poulos, Eric Ryan, Karin Skaggs y Sharon Silva.

CRÉDITOS FOTOGRÁFICOS

Jean-Blaise Hall, todas las fotografías, con excepción de las siguientes:
Steven Rothfeld: Página 173
Paul Moore: Portada (abajo)

LOCACIONES FOTOGRÁFICAS

Las siguientes locaciones parisinas se han marcado en el mapa de las páginas 28 y 29.

DEGUSTIS
Es un sello editorial de
Advanced Marketing, S. de R.L. de C.V.
Aztecas 33, Col. Sta. Cruz Acatlán, C.P. 53150 Naucalpan, Estado de México

WILLIAMS-SONOMA
Fundador y Vicepresidente: Chuck Williams

WELDON OWEN INC.
Presidente Ejecutivo: John Owen; Presidente Jefe de Operaciones: Terry Newell;
Director; Richard Van Oosterhout; Vicepresidente, Ventas Internacionales: Stuart Laurence;
Director de Creatividad: Gaye Allen; Publicista: Hannah Rally; Editor de
Serie: Kim Goodfriend; Editor Asociado: Heather Belt; Asistente de Producción: Jili Vendzules;
Director de Creatividad Asociado: Leslie Harrington; Director de Arte: Nicky Colling;
Diseñadores: Nicky Collings, Kyrie Forbes; Ilustrador de Mapas: Scott Panton; Gerente de Color: Teri Bell;
Gerente de Producción: Chris Hemesath; Coordinación de Envíos y Producción: Todd Rechner;
Estilista de Alimentos y Props: George Dolese; Estilista de Alimentos Asociado: Elisabet der
Nederlanden; Asistente de Fotografía: Alexandra Duca.
Supervisión de la Edición en Español: Marilú Cortés García

Título Original: Paris   Traducción: Laura Cordera L, Concepción O. De Jourdain
París de la Colección Cocina del Mundo de Williams-Sonoma fue concebido y producido por
Weldon Owen Inc., en colaboración con Williams-Sonoma.

Una Producción Weldon Owen Derechos registrados © 2004 por Weldon Owen Inc, y Williams-Sonoma Inc.

Derechos registrados © 2005 para la versión en español: Advanced Marketing, S. de R.L. de C.V.
Aztecas 33, Col. Sta. Cruz Acatlán, C.P. 53150 Naucalpan, Estado de México

ISBN 970-718-272-5

1 2 3 4 5   05 06 07 08 09

UNA NOTA SOBRE PESOS Y MEDIDAS
Todas las recetas incluyen medidas acostumbradas en Estados Unidos y medidas del sistema métrico.
Las conversiones métricas se basan en normas desarrolladas para estos
libros y han sido aproximadas. El peso real puede variar.